Dr. med. Heinrich Klaus

Schmetterlinge am Krankenbett

*Für Irene, Christa
und Léon*

Dr. med. Heinrich Klaus

Schmetterlinge am Krankenbett

Mentale Hilfen für die Heilung

ARISTON

Die Deutsche Bibliothek – CIP-Einheitsaufnahme

Klaus, Heinrich:
Schmetterlinge am Krankenbett : mentale Hilfen für die Heilung /
Heinrich Klaus. – Kreuzlingen ; München : Ariston-Verl., 1998
ISBN 3-7205-2025-0

Umschlaggestaltung: Manu Böhler, Überlingen
Umschlagmotiv: Mauritius, Mittenwald
Herstellung: Karlheinz Rau, München
Satz: SatzTeam Berger, Ellenberg
Druck: Wiener Verlag, Himberg bei Wien

ISBN 3-7205-2025-0

Inhalt

Statt Blumen – ein Buch! 7

1 Vom »horizontalen« zum »vertikalen« Patienten 9

Der »vertikale« Patient 11
So werden Sie ein »vertikaler« Patient 15

2 Die beste Therapie für Sie 25

Holen Sie eine zweite Meinung ein 27
Hilfe durch Gespräche und Lektüre 31
Was sagen Ihre inneren Stimmen? 32
Nehmen Sie Ihre Angst an die Hand 40

3 Imaginationen für die Heilung 45

Richtig visualisieren 47
Ein Bild sagt mehr als tausend Worte 51
Beeinflussen Sie Ihre inneren Dialoge 56
Passive und aktive Entspannung 58
Erholung für die Gefühle 61
Gehen Sie liebevoll mit sich um 67
So wird Ihnen warm ums Herz 70
Werden Sie umfassend gesund 75
Atmung als Lebenselixier 81

4 Die Außenwelt am Krankenbett 85

Partnerinnen und Partner 87
Mütter, Väter und Geschwister 91
Besuchszeit! 94
Die sorgenden Fachleute 98

5 Ihr Beitrag zu einer erfolgreichen Operation 103

Sprechen Sie über Ihre Wünsche 105
Beruhigende und heilende Botschaften während der Operation 112
Schmerzlinderung und Entspannung nach der Operation 117
Die vier Phasen der Genesung 125

6 Nutzen Sie die Heilung zur Wandlung 129

Bringen Sie Freude in Ihr Leben 131
Imagination: 7 mal 7 Stufen der Heilung 134
Verbünden Sie sich mit Ihren inneren Freunden 142

7 Was bringt die Zukunft? 147

Der Weg ist das Ziel 149
Heimkehr und Neubeginn zu Hause 156

Anhang 165

Adressen 167
Literatur 169
Weiteres Material 171
Der Autor 175

Statt Blumen – ein Buch!

Genesungszimmer und Heilungsbett – bisher wohl eher als Krankenzimmer und Krankenbett bekannt – können Sie, lieber Leser und liebe Leserin, durch diese Lektüre neu bewerten und für sich nutzen:

Kann man im eigenen Zimmer kampieren? Wie macht man das Klinikbett zum fliegenden Teppich für eine schnellere Genesung? Gibt es magische Nachtschränke mit verzaubernden Betthupferln? Was verleiht der Bettpfanne Flügel? Wer hat sein Klinikbett in ein Sprungbrett und wer in einen Wigwam verwandelt? Haben Sie schon mal den Kosmos zu sich unter die Decke geholt? Was ist der Unterschied zwischen einem Kopf- und einem Meditationskissen? Haben Sie die *Götter in Weiß* schon mal bunt angemalt? Kann man Meditation und Operation zum eigenen Vorteil verbinden?

Es sind in den vergangenen 30 Jahren schon viele alte Zöpfe gefallen. Selbst schwerfällige Institutionen wie Krankenhäuser sind dabei, patientenfreundlicher zu werden. Langsam ändern sich die Sichtweisen von Bettlägerigkeit, stehe dieses Bett nun daheim oder in einer Klinik.

Warum sollte man im Krankenbett nicht mit jemandem *Löffelchen liegen*? Eine liebe Person hat es mit mir getan, und es hat meiner Genesung nicht geschadet! Warum soll man die Zeit im Bett nicht sinnvoll nutzen: Visionen für die eigene Genesung entwickeln, eine gesunde Zukunft imaginieren, Mentaltraining betreiben, Beziehungen klären oder meditieren?

Selbstverständlich gibt es Zeiten, in denen man sich bloß die Decke über den Kopf ziehen möchte. Sie dürfen in Selbstmitleid versinken, mit Ihrem Schicksal hadern, die Tränen fließen lassen; das ist auch *Genesung unterwegs*. Das gehört dazu. Es ist o. k., Kreuzworträtsel zu lösen und nonstop in den Fernseher zu glotzen. Sie dürfen auch alle Pralinen futtern, die der Besuch anschleppt, und dann mal schauen, wie es Ihnen und Ihrem Blutzuckerspiegel so bekommt.

Sicher gibt es aber auch Zeiten während Ihrer Heilungsphase, wo Sie vielleicht zu diesem Buch greifen, einige Kapitel lesen, um ein oder zwei der dort angebotenen Vorschläge auszuprobieren: Genesung als Chance!

Ich bin selber Arzt. Dreimal lag ich längere Zeit im Krankenhaus, befand mich also bereits an beiden Seiten des Krankenbettes. Zwei von diesen Aufenthalten waren Operationen; das erste Mal hatte ich mich nicht vorbereitet und ging überdies schlecht gestimmt in den Eingriff. Das Ergebnis war katastrophal. Beim zweiten Mal war ich schlauer, imaginierte den Eingriff, brachte mich für das Ereignis in die denkbar beste geistige und emotionale Verfassung. Alles klappte vorbildlich.

Das brachte mich auf die Idee, durch ein Buch auch Sie und andere zu motivieren, die in jedem von uns schlummernden Selbstheilungskräfte zu wecken.

Viel Spaß und Erfolg!

Dr. med. Heinrich Klaus
im März 1998

Kapitel 1

Vom »horizontalen« zum »vertikalen« Patienten

Der »vertikale« Patient

Versuchen Sie von dem Moment an, da Sie das Krankenhaus betreten, einen persönlichen Eindruck bei all den Menschen zu hinterlassen, die mit Ihnen zu tun haben. Schaffen Sie sich Erinnerungspunkte, die Sie herausragen lassen aus dem grauen Heer der typischen Normalpatienten! Gehen Sie aus sich heraus, und beginnen Sie eine persönliche Beziehung, so kurzlebig sie auch sein mag, mit den Menschen, die Sie behandeln.

Präsentieren Sie sich von Ihrer besten Seite; seien Sie jemand Besonderes, teilen Sie sich mit! Wenn Sie sich ängstlich oder eingeschüchtert fühlen, dann beginnen Sie ein Gespräch, zum Beispiel so: »Ich bin gewöhnlich ein selbstsicherer Mensch; aber finden Sie nicht auch, in solch einem Großbetrieb kommt man sich immer klein und unbedeutend vor?!« In fast allen Fällen wird das Krankenhauspersonal mit Ihnen übereinstimmen, weil es sich genauso fühlt.

Auf der Station angekommen, bestand ich beispielsweise darauf, die Stationsschwester zu begrüßen, um mich bei ihr vorzustellen. Ich wollte nicht von irgendeiner Schwester oder Helferin ins Bett gepackt werden, die dann später der Stationsschwester rapportieren würde: »Da ist ein Neuzugang auf Zimmer 16 angekommen.«

Da die Stationsschwester nicht im Dienst war, wurde ich von ihrer Stellvertreterin begrüßt. Hier erzählte ich erst einmal die Geschichte von meiner Anreise, statt gleich mit patientenbezogenen Informationen zu beginnen. Erst später erwähnte ich, welche Speisen mir nicht bekämen, daß ich ein leichter Schläfer sei und eine bestimmte Sorte von Schlaftabletten wünsche, die der Stationsarzt verordnen müsse. Nach dieser freundlichen Einführung ließ ich mich getrost von einer Schwesternschülerin auf mein Zimmer bringen.

Der mündige Patient steht für sich ein, stellt sich auf seine eigenen Beine und begegnet aufrecht der Herausforderung, die Krankenhausbetrieb oder eine Operation an ihn stellen. Er will aus der Masse der Patientinnen und Patienten herausragen, unterwirft sich nicht sang- und klanglos der Massenabfertigung in der Gesundheitsfabrik und gibt sich nicht mit einer durchschnittlichen Behandlung oder einer durchschnittlichen Wiederherstellung zufrieden.

Die Stationsschwester, die schließlich ihren Dienst angetreten hatte, kam bei mir vorbei, und ich konnte unserer Unterhaltung entnehmen, daß meine Wünsche bei der Übergabe korrekt weitergeleitet worden waren.

Als ich schließlich meinen Chirurgen traf, fiel es mir als Arzt natürlich leicht, eine berufliche Beziehung zu ihm herzustellen. Das war mir jedoch nicht genug. Nachts hatte ich geträumt, daß mein verstorbener Vater, selbst Chirurg, an mein Bett kam und mir versprach, dafür zu sorgen, daß mir nichts geschehen und er die Hand des Chirurgen führen würde. Ich erzählte meinem Chirurgen den Traum.

Am nächsten Morgen, bevor die Narkose eingeleitet wurde, kam er in seiner Operationsmontur kurz aus dem Operationssaal. Als er mir die Hand schüttelte, schaute er mich schmunzelnd an und bemerkte im Weggehen noch schnell: »Ihr Vater und ich werden ganze Arbeit leisten.«

Der erste Schritt auf dem Weg zum vertikalen Patienten ist also, eine persönliche Beziehung herzustellen, um sich erinnerungswürdig zu machen! Muntern Sie die – wörtlich – sterile Atmosphäre des Krankenhauses auf, indem Sie sie freundlicher, persönlicher und liebevoller gestalten. Erst wenn Sie Aufmerksamkeit und Respekt derjenigen gewonnen haben, die Sie behandeln, teilen Sie ihnen Ihre Wünsche, Forderungen und Notwendigkeiten klar und deutlich mit.

Falls Sie noch Zeit haben, versichern Sie sich ein zweites Mal, ob Ihre Botschaften auch verstanden worden sind. Achten Sie darauf, ob sie berücksichtigt werden.

Der »horizontale« Patient

Der horizontale Patient liegt. Meist ist er so schwach und angegriffen, daß er *alle viere* passiv von sich streckt. Seine Haltung signalisiert Hilflosigkeit und Abhängigkeit, einen Zustand, den wir nur aus unseren frühesten Babyzeiten kennen.

Genauso werden wir dann auch behandelt. Verantwortung wird uns abgenommen, man *schont* uns. Entscheidungen werden nicht mit uns, sondern über uns gefällt, Anordnungen getroffen, die wir zu befolgen haben; kurz: Wir werden behandelt wie ein kleines Kind!

Das Wort Patient und Patientin leitet sich von dem lateinischen *patiens* ab, was soviel heißt wie *erduldend* und *erleidend*.

Seit dem sechzehnten Jahrhundert, einem Zeitalter, in dem Leid und Schmerz verherrlicht wurden, ist das Wort Teil des deutschen Sprachschatzes. Neuinterpretationen versuchen es gerne so hinzudrehen, als sei das Wort abgeleitet vom lateinischen *patientia*, also von *Geduld*.

»*St. Irgendwo*«

Die Krankenhausmaschinerie von *St. Irgendwo* ist hierarchisch aufgebaut. Solch eine Befehls- und Leitungsstruktur hat sich hinübergerettet aus früheren Jahrhunderten, als Krankenhäuser noch *Spitäler* und *Hospize* hießen, von frommen Nonnen geführt wurden und Obrigkeitsdenken an der Tagesordnung war.

In der hierarchischen Befehlsstruktur eines Krankenhauses alten Zuschnitts bilden Sie als Patient den Boden der Pyramide, und Ihre Macht ist dementsprechend gering.

Die Situation ist paradox. Die ganze Pyramide existiert eigentlich nur Ihretwegen, aber Sie haben kaum Einfluß auf den Medizinbetrieb. Die hierarchische Struktur funktioniert dann wie am Schnürchen, wenn das Fußvolk zum Befehlsempfänger reduziert und auch so behandelt wird.

Und leider habe ich oft mitansehen müssen, daß derjenige, der seine Macht aufgab, auch seiner Würde entkleidet wurde. Würde hat seine Wurzel in dem Wort Wert. Und Ihr Selbstwert ist einer Ihrer wichtigsten Aktivposten während Ihrer Heilung. Da es nicht abzusehen ist, wann endlich das Tauwetter im hierarchischen Krankenhauswesen ausbrechen wird, rate ich Ihnen, Ihre eigene Rolle als Patient bzw. Patientin (oder besser: Klientin) positiv zu bestimmen!

So werden Sie ein »vertikaler Patient«

Der Star in meiner Sammlung vertikaler, außergewöhnlicher Patienten ist Norman Cousins, ein bekannter amerikanischer medizin-psychologischer Autor, der sich gesundgelacht hat.

Er wurde plötzlich von einer Autoimmunkrankheit niedergestreckt, die seine gesamte Bindegewebsstruktur aufzulösen begann. Eine wirksame Behandlung gab es zu diesem Zeitpunkt noch nicht, und seine Ärzte teilten ihm mit, daß statistisch nur einer von 500 Patienten diese Krankheit überlebe.

Normans spontane Reaktion: »Was muß ich tun, um dieser eine Patient zu werden?«

Nach einiger Überlegung beschloß er, Humor als wirksamste Medizin für seinen bedrohlichen Gesundheitszustand einzusetzen. Seine Frau besorgte ihm Witzbücher und Satiren. Er installierte einen Filmprojektor in seinem Krankenzimmer, damit er sich an Chaplin-Filmen und anderen Komödien gesundlachen konnte (in den sechziger Jahren gab es noch keine Videorecorder).

Heute ist der ehemalige Geschäftsmann gesund und hat seine Erfahrung in Bestsellern über psychosomatische Heilung verarbeitet.

(Über-)Lebenskünstler

Norman Cousins zeigt eindeutig alle Merkmale eines Überlebenskünstlers. Diese Menschen verfügen über eine paradoxe Kombination von normalerweise widerstreitenden Charaktereigenschaften.

Überlebenskünstler sind:

- sowohl ernst als auch spielerisch,
- sowohl hart als auch zärtlich,
- sowohl logisch als auch intuitiv,
- sowohl aggressiv als auch schüchtern,
- sowohl introvertiert als auch extrovertiert,
- sie scheuen keine Anstrengung und können auch faul sein.

Die scheinbar gegensätzlichen Charaktereigenschaften machen den Überlebenskünstler in kritischen Situationen überdurchschnittlich manövrierfähig, weil er neben seinem *Vorwärtsgang* auch noch den *Rückwärtsgang* einlegen kann.

Überlebenskünstler verfügen über eine klare Rangordnung ihrer Bedürfnisse. Sie entwickeln eine klare Überlebenskraft in sich und begreifen gleichzeitig intuitiv, daß niemand allein für sich überlebt. Sie geben moralische Unterstützung, Selbstbewußtsein, Sicherheit und erzeugen ein Umfeld von sich gegenseitig fördernden Energien.

In Ausnahmesituationen, wie zum Beispiel Erkrankungen, diagnostischen Eingriffen und Operationen, können Erfolg oder Mißerfolg über das weitere Leben entscheiden. Beide lassen sich als die Endpunkte eines horizontalen Spektrums darstellen:

Mißerfolg ----------------------------- Erfolg

Viktor E. Frankl, der berühmte Wiener Psychiater und Autor, verrät uns das Geheimnis allen Überlebenswillens, indem er eine zusätzliche, vertikale Ebene einführt:

Erfüllung

Mißerfolg ------------------------------- Erfolg

Depression

Für weit wichtiger als die Frage von Gewinnen oder Verlieren hält Frankl, daß unser Leben von persönlicher Erfüllung bestimmt wird. Für ihn macht Liebe das Leben lebenswert, egal, wie lange es dauert. Erfolgreiche Überlebenskünstler leben im rechten, oberen Quadranten.

Entschlossenheit, Kreativität und Hartnäckigkeit werden auch von Carl und Stephanie Simonton als charakteristisch für Überlebenskünstler genannt. In ihrem bahnbrechenden Buch *Wieder gesund werden* skizzieren die Simontons das Persönlichkeitsprofil von Krebskranken, die ihre Prognose weit überlebt haben.

Alle diese Menschen zeichnen sich dadurch aus, daß sie:

- erfolgreich in einem Beruf sind, den sie lieben;
- berufliche und private Ziele während ihrer Krankheit nicht aus den Augen verlieren;
- ein starkes Ego besitzen, das sich den Weisungen von

Ärzten und Personal oftmals kratzbürstig und eigensinnig widersetzt;
- ein positives Selbstwertgefühl und eine gesunde Eigenliebe vorweisen;
- Macht über ihr Leben und ihren Körper nicht vorschnell aus den Händen geben;
- ihre Intelligenz gebrauchen, um ihre Realität zu formen;
- sich auf sich selbst verlassen;
- empfänglich und kreativ sind;
- andere in ihre Pläne und Sorgen einbeziehen;
- Nonkonformisten sind;
- nach Lösungen suchen, anstatt sich in Klagen zu flüchten;
- auftretende Komplikationen nicht als Mißerfolg interpretieren, sondern als Aufgabe, die Lösung neu zu formulieren;
- erwachsen und weise werden, ohne ihre kindlichen Eigenschaften zu unterdrücken oder zu verlieren.

Eine positive Weltanschauung, Pläne und Erwartungen, sich selbst zu verwirklichen oder sich und seine Beziehungen weiterzuentwickeln, ziehen ihren Heilungswillen förmlich an!

Falls sie Ihnen bisher gefehlt haben – jetzt ist der entscheidende Zeitpunkt für Sie gekommen, diese *Magneten* in Gang zu setzen!

Nils, ein Patient von mir, hatte nichts, worauf er sich nach seiner Operation freuen konnte: weder auf seine kaputte Ehe noch auf seine Gefühle von Schuld und Versagen angesichts seiner beiden Töchter und schon gar nicht auf seinen Beruf als Bautechniker bei einer Firma, die er seit Jahren haßte. Seit langem hegte er den Wunsch, sich mit einer Solarenergie-Firma selbständig zu machen. Nach der Operation, so entschied er am Abend vor dem Eingriff, wollte er den großen Sprung wagen. Er schrieb sofort sein Kündigungsschreiben.

Wir sehen in Nils drei wichtige Eigenschaften des vertikalen Patienten: Er ist bemüht, seine Individualität zu entwickeln, indem er beginnt, seine eigenen Entscheidungen zu fällen, ungeachtet, was andere von ihm denken. Er beschließt, seine Kreativität zu entfalten und seine Sehnsüchte zu leben, und läßt sich auf ein ungewisses Leben voller Herausforderungen ein.

Zu viele Menschen suchen Erfolg in der Erwartung, daß sich damit auch Zufriedenheit einstellt und sie sich erfüllt fühlen. Es ist aber genau umgekehrt: wer Erfüllung gefunden hat, fühlt sich erfolgreich.

Äußerliche Erfolge wie Geld oder Ansehen rechne ich zur Ebene des bloßen Überlebens.

Leben aber ist viel mehr als bloßes Überleben. Der lebendige Mensch spürt in sich Kräfte, die seine rein körperliche Existenz überragen. Wichtig ist die Überzeugung, daß die Gesamtsumme unserer Einzelteile eine Einheit ergibt, die unermeßlich größer ist als die Teile selbst.

Die folgenden drei heilenden Überzeugungen sollen dem vertikalen Patienten helfen, seinen Körper, seine Gefühle und seinen Geist zu vereinigen und für seine Heilung einzusetzen:

Die drei Überzeugungen sind Vertrauen

- in sich selbst,
- in den Arzt und die Ärztin,
- in die Behandlung.

Mitbestimmung

Vertikale Patienten und Patientinnen stehen für sich auf und für sich ein.

Lieber riskieren sie hochgezogene Augenbrauen von Schwestern und Ärzten und den Ruf, *schwierige Patienten* zu sein, als sang- und klanglos Behandlungen und Maßnahmen über sich ergehen zu lassen. Große Organisationen, wie es Krankenhäuser meist sind, bestehen aus einer Maschinerie von Routinehandlungen und Ausführungsbestimmungen und haben die Eigenschaft, unwillig und feindselig auf jede Störung des gewohnten Ablaufs zu reagieren.

Wer herausragt, für sich aufsteht und Anzeichen von Außergewöhnlichkeit zeigt, kann als Sandkorn im Getriebe empfunden werden.

Bernie Siegel bemerkt in seinem Buch *Prognose Hoffnung*, widerspenstige Patienten hätten im allgemeinen

- eine schnellere Wundheilung,
- häufigere »Fünfjahresheilungen« nach Krebs, und
- ein robusteres Abwehrsystem.

Patienten mit eigenem Willen, Selbstbewußtsein und gesunder Eigenliebe zeigen in Laboruntersuchungen eindeutig erhöhte und gut funktionierende weiße Blutkörperchen, wie eine neuere medizinische Forschungsrichtung, die PNI (Psycho-Neuro-Immunologie), beweisen konnte. Weiße Blutkörperchen, so hat PNI mittlerweile herausgefunden, sind höchst intelligente Zellen, in vieler Hinsicht Gehirnzellen nicht unähnlich. Deshalb bezeichnet man sie auch als periphere Intelligenz oder als fließende Intelligenz. Sie können Informationen erkennen, verarbeiten, eigenständig Entscheidungen fällen und danach handeln. Weiße Blutkörperchen lassen sich demnach mit einer selbständig operierenden Polizeitruppe vergleichen. Eine depressive und passive Haltung unterdrückt ihre Lebenskraft.

Der zukunftsweisende Chirurg Bernie Siegel wünscht sich so etwas wie die Mitbeteiligung und Mitbestimmung im Arzt-Patienten-Verhältnis. Er ermutigt alle Patientinnen und Patienten, mit ihren Ärztinnen und Ärzten zu reden, zu diskutieren und so lange zu fragen, bis sie eine zufriedenstellende Antwort erhalten haben. Er versichert den Patienten, sie hätten – auch gegenüber ihrem Arzt – das Recht, nein zu sagen, ohne sich schuldig fühlen zu müssen.

Wir befürchten, unseren Arzt zu verärgern, die Person, von der wir hoffen, daß sie uns *gesund macht*. Objektiv betrachtet: Glauben Sie wirklich, Ihr Arzt würde Ihre Behandlung aus Rache schieflaufen lassen, weil Sie ihm widersprochen haben? Im Gegenteil, er wird bemüht sein, eine Glanzleistung abzuliefern, weil er sich herausgefordert fühlt.

Es wird Zeit, das Arzt-Patienten-Verhältnis auf eine neue Ebene des Arzt-Patienten-Teams zu heben.

Während Sie sich niederlegen – stehen Sie für sich auf!

Haben Sie Ihre Gefühle beobachtet, während Sie die Liste mit den Qualitäten des vertikalen Patienten gelesen haben?

Haben Sie enttäuscht reagiert und sich innerlich eingestanden: »Aber ich bin doch gar nicht selbstsicher, stark, erfolgreich oder kreativ!«

Auch Norman Cousins und all die anderen Überlebenskünstler wuchsen erst während der Stunde der Herausforderung über sich selbst (das heißt über ihr Alltags-Ich) hinaus.

Ein Krankenhausaufenthalt ist eine ziemlich harte Schule. Es liegt an Ihnen, wie Sie diese Lehrzeit für sich gestalten wollen.

Vertrauen Sie! Ihr Leben tischt Ihnen nie mehr auf, als Sie zu einem gegebenen Zeitpunkt bewältigen können! Vielleicht müssen Sie sich recken und strecken, um diese Aufgabe erfolgreich zu lösen. Irgendwie haben Sie diese Herausforderung innerlich nötig gehabt, um einen neuen Lebensabschnitt, Ihre nächsthöhere Entwicklungsstufe zu erreichen!

Während ich mit einem Bandscheibenvorfall im Bett lag und mich Sorgen um meine gerade eröffnete Praxis quälten, bemerkte ein sehr intuitiver Freund: »Du magst es jetzt weder verstehen noch wirklich annehmen wollen, aber deine Krankheit wird dir wertvolle Veränderungen bescheren.« Ich entließ ihn recht unfreundlich mit der bissigen Bemerkung: »Ja, du hast gut reden!«

Und in der Tat – er hatte recht. In diesen Monaten voller Bettruhe schrieb ich mein erstes Buch *Heilung und Selbstheilung durch Imagineering* und legte den Grundstein zu meiner Arbeit als Autor.

Unsicherheit und Selbstzweifel sind durchaus auch Merkmale des außergewöhnlichen Patienten. Mit seinen paradoxen, widerstreitenden Qualitäten kann er stark *und* schwach *zugleich* sein. Wäre er ausschließlich stark und hart, würde er irgendwann brechen, da er nicht biegsam und kompromißbereit reagieren könnte.

Bitte hören Sie nicht auf die Stimme der Depression, die Sie unter die auf Seite 17 erwähnte Horizontale ziehen will. Der Miesmacher, unser negativ programmierter Tagverstand, murmelt beständig im Untergrund: »Ich kann nicht ..., ich will nicht ..., ich schaffe das nie ..., ich bin zu schwach ...«

Lassen Sie den Miesmacher murmeln, und schenken Sie ihm keinerlei Beachtung, bis Sie in späteren Kapiteln Mittel und Wege kennenlernen werden, konstruktiv mit ihm umzugehen.

Sie sind nicht von vornherein ein vertikaler Patient. Sie wachsen zum vertikalen Patienten heran!

»Vertikale« Angehörige

Manchmal braucht der »vertikale« Patient auch »vertikale« Angehörige, die für ihn *aufstehen*, wenn er es für sich selbst nicht mehr kann. Sie dürfen keine Bedenken und keinerlei Furcht haben, mit Oberschwestern, Verwaltung und Chefarzt hart zu verhandeln und sich zu behaupten.

Schauen Sie sich vor der Operation in Ihrem Verwandten- und Bekanntenkreis nach jemandem um, der das Zeug zum vertikalen Angehörigen hat, und erarbeiten Sie mit ihm oder ihr dieses Kapitel.

Als ich dies schrieb, traf ich Gloria, eine rüstige Mittsechzigerin. »Während meiner ersten Operation«, so erzählte sie mir, »hatten wir die Erlaubnis bekommen, daß mein Sohn die gesamte Zeit über meine Hand halten durfte. Es war wunderbar! Ich habe seither meine Angst vor Operationen vollständig verloren, wie ich vier Jahre später feststellen konnte, als ich nochmals auf den Operationstisch mußte.«

Nichts hilft einer oder einem Kranken mehr als positiv geladenes Verhalten, das die biologische Batterie auflädt. Gefühle und Verhaltensweisen, die alle Zellen eines Bettlägerigen in gute Schwingungen versetzen, sind

- Berührung,
- Fürsorge,
- Mitteilsamkeit,
- Liebe,
- Verbundenheit und
- Mitgefühl (nicht Mitleid).

Kapitel 2

Die beste Therapie für Sie

Holen Sie eine zweite Meinung ein

Nichts setzt uns mehr unter Streß, als wenn wir die Kontrolle über unser Leben zu verlieren drohen. Genau mit diesem Streß werden wir aber konfrontiert, wenn wir uns für eine Behandlung entscheiden. Niemand denkt unter angsteinjagenden Umständen noch präzise und klar.

Plötzlich müssen wir eine Entscheidung auf einem Gebiet fällen, auf dem uns jegliches Fachwissen und Erfahrung fehlen. Wir stecken in einem Dilemma. Entweder wir vertrauen uns mit Haut und Haaren den Doktoren an und hoffen, daß sie schon wissen, was am besten für uns ist. Damit überlassen wir die Entscheidung anderen.

Das mag aber andererseits unsere nagenden Gewissensbisse nicht unbedingt beruhigen, ob wir doch nicht zu leichtfertig unsere Entscheidungsgewalt wegdelegiert haben. Und in die richtigen Hände?

Wer hat nicht gehört, daß Ärzte aus persönlichen Motiven gehandelt hätten? Unser Fall könnte finanziell interessant sein, oder vielleicht wird er in einer bevorstehenden Publikation für die Statistik dringend benötigt.

Etwas mehr Kontrolle über unser Leben können wir zurückgewinnen, indem wir uns bei einem weiteren Arzt unserer Wahl, sozusagen einem neutralen Schiedsrichter, eine zweite Meinung einholen.

Und schon treffen wir auf hochgezogene Augenbrauen, gerunzelte Stirnfalten und spitze Bemerkungen von seiten unseres behandelnden Arztes: »Ja, trauen Sie mir denn nicht?« Die Wahrheit ist dann hier wohl die beste Lüge, und wir können getrost mit einem humorigen »Ja« antworten. Im Anschluß daran können wir ihm erklären, daß es uns hier um unseren persönlichen Entscheidungsprozeß geht, von dem wir uns Sicherheit, Überzeugung und ein ruhiges Gewissen erhoffen.

Einer meiner Professoren pflegte den Wunsch seiner Patienten nach einer zweiten Meinung stets zu begrüßen.

»Rede niemals jemandem den Wunsch nach einer zweiten Meinung aus«, riet er mir; »wenn später Dinge nicht so laufen, wie sich dein Patient das vorgestellt hat, kann er dich nie beschuldigen, du hättest ihn manipuliert. Außerdem kommen Patienten viel entschiedener und verantwortungsbewußter von einer solchen Konsultation zurück.«

Ihr behandelnder Arzt oder Chirurg wird viel mehr Respekt vor Ihnen als Patient oder Patientin haben, wenn Sie sich umfassend informieren und sich nicht sang- und klanglos als ein Fall von vielen auf den Operationstisch legen. Er wird sich an Sie als einen hartnäckigen Patienten erinnern und beim Eingriff besonders sorgfältig und behutsam vorgehen.

Bereits in der Sprechstunde der Klinik, wenn Sie sich von Ihrem behandelnden Arzt beraten lassen, sollten Sie Papier und Bleistift parat haben, Notizen machen und ihm dieselben Fragen stellen, die Sie später dem *neutralen Schiedsrichter* vorzulegen gedenken. Nur so ist ein Vergleich für Sie möglich!

Zunächst einmal werden Sie sich umhören wollen, welchen anderen Arzt Sie zu Rate ziehen könnten. Bei Ihrer Wahl sollten Sie jedoch einen Arzt aus der gleichen oder ähnlichen Fachsparte wählen.

Als Kassenpatient werden Sie einen Überweisungsschein benötigen, den Ihnen der Hausarzt oder der behandelnde Chirurg ausstellen kann. Als Privatpatient haben Sie den Vorteil der freien Arztwahl und können sich selbständig Ihren *Schiedsrichter* aussuchen.

Bitten Sie um einen Arztbrief, den Sie der anderen Ärztin bzw. dem anderen Arzt vorlegen können.

Bringen Sie alle Röntgenaufnahmen und andere Diagnosehilfen, und nehmen Sie Ihre Fragensammlung mit.

Fragensammlung »zweite Meinung«

- Können Sie mir nach (mindestens drei) alternative Behandlungsmethoden nennen?
- Können Sie mir (mindestens drei) verschiedene Arten nennen, die geplante Behandlung durchzuführen und mir Vor- und Nachteile der jeweiligen Methode erläutern?
- Können Sie die (mindestens drei) Vorteile aufzählen, die ich durch die Behandlung gewinne?
- Können Sie mir (mindestens drei) der häufigsten Komplikationen aufzählen, die mir bei der Behandlung oder bei dem Eingriff passieren können?
- Wie lange werde ich unter direkten Schmerzen oder (Neben-)Wirkungen vom Eingriff oder der Behandlung her leiden? Wie lange werde ich Rekonvaleszent sein und mich durch die Folgen behindert fühlen?
- Welche prozentuale Erfolgsstatistik wird im allgemeinen für diese Behandlungsmethode angegeben? Liegt Ihre persönliche Statistik über oder unter dem allgemeinen Ergebnis? In welcher der

neuesten Publikationen kann ich diese Ergebnisse nachlesen?

- Wie wird die Behandlung mein Leben nach drei Jahren beeinflußt haben? Werden bestimmte Körperfunktionen beeinträchtigt, und gibt es Nebenwirkungen, die mein Leben lang bestehenbleiben?
- Falls ich erst eine alternative Heilmethode ausprobieren will, kann ich die Behandlung ohne Schaden um ein halbes Jahr aufschieben?
  (Zeitdruck ist immer ein schlechter Ratgeber; endloses Hinauszögern ebenfalls. Wenn Ihre halbjährige Gnadenfrist abgelaufen ist und Sie feststellen müssen, daß sich Ihr Zustand nicht zu Ihren Gunsten verändert hat, wird eine Ja-Entscheidung zur Behandlung Sie erleichtern und entspannen.)
- Können Sie mir einen ehemaligen Patienten nennen, der eine solche Operation oder Behandlung hinter sich hat und bereit wäre, mit mir ein Gespräch zu führen?

Hilfe durch Gespräche und Lektüre

Es kann großen Spaß machen und Sie mit vielen neuen Menschen in Kontakt bringen, etwa in Ihrem Bekanntenkreis oder Sportverein nach Leuten zu fahnden, mit denen Sie über Ihre bevorstehende Behandlung sprechen können, weil sie die gleichen Erfahrungen gemacht haben. Bitten Sie die Ratgeber, sich dabei auf notwendige Tatsachen zu beschränken, die für Sie nützlich sind.

Mit anderen Worten, bitten Sie darum, von individuellen Horrorgeschichten verschont zu werden. Erstellen Sie auch hier eine Fragensammlung. Es hilft, das Thema zu strukturieren und zur Sache zu kommen.

Niemand kann Ihnen außerdem ein X für ein U vormachen, wenn Sie sich über den Problemkreis Ihrer Behandlung bereits informiert haben.

Es kann durchaus unterhaltsam sein, Ihr Interessengebiet und Ihren Wissenshorizont auf dem Gebiet der Medizin zu erweitern.

Es gibt populärwissenschaftliche Standardwerke und Gesundheitsbücher und -lexika, mit deren Hilfe Sie sich einen guten Überblick verschaffen können. Für höhere Ansprüche eignet sich als großes Nachschlagewerk besonders der *Pschyrembel*.

Was sagen Ihre inneren Stimmen?

Das fortwährende Geplapper Ihres Alltagsverstandes, des Sammelbeckens aller guten und schlechten Ratschläge oder vorgefertigter Antwortschablonen, die wir im Laufe der Zeit übernommen haben, bezeichnet man auch als *inneren Dialog*.

Dieser innere Dialog spielt die vorgefertigten Ratschläge an uns zurück wie ein Tonband. Da jede Tonbandaufnahme notwendigerweise bereits der Vergangenheit angehört, wird das Wiederkäuen alter Lösungen Ihnen nicht weiterhelfen. Sie kommen zu keinem Entschluß, weil Sie das Echo als Antwort ansehen.

Ihre *innere Stimme* dagegen ist immer frisch und findet zu jeder neuen Situation eine spontane Lösung.

Die meisten Menschen vergessen, wenn sie *ich* sagen, daß sie damit ein Konglomerat, zusammengesetzt aus Verstand, Körper, Gefühl und Seele, bezeichnen. Jede dieser vier Komponenten spricht mit einer eigenen inneren Stimme.

Die Verstandkarte

Der mechanische Teil des menschlichen Gehirns ist gut erforscht, vermessen und für den alltäglichen Gebrauch geschaffen. Das kreative Gehirn, die unentdeckte Hälfte, ist noch weitgehend unerforscht. Erst wenn beide zusammenwirken, leben wir in der uns innewohnenden Fülle.

Kreatives Denken können Sie spielerisch erlernen, wenn Sie *Verstandkarten* anfertigen. Diese Karten beginnen am Zentrum des Problems und breiten sich von dort wie die Wurzeln eines Baumes aus. Die zentrale Idee verästelt sich, und mehr und mehr Aspekte tauchen plötzlich von allen Seiten auf, die Ihnen nicht gekommen wären, wenn Sie eine Liste angefertigt hätten. Die Vorteile einer Verstandkarte sind folgende:

- Im Zentrum steht die Hauptidee und ist damit klar hervorgehoben.
- Es entwickelt sich eine Hierarchie der Ideen, je wichtiger, desto näher an der Mitte.
- Gedankenverbindung und -entstehung lassen sich einfach nachvollziehen.
- Neue Ideen fügen sich leicht hinzu, eine Liste dagegen müßte neu geschrieben werden.
- Die offenen Enden laden geradezu zu Ergänzungen ein.

Um das Für und Wider einer bestimmten Behandlung zu erläutern, beginnen wir, eine Verstandkarte zum Thema »Behandlung« anzufertigen, indem wir das Wort in die Mitte eines großen Blattes Papier schreiben und es einkreisen.

Als Widerstände gegen Behandlungen werden immer wieder Angst, Schmerz und Risiko genannt. Lassen Sie diese aus der linken Seite herauswachsen wie Antennen aus einem *Sputnik*.

Das Gegenteil von Angst ist Mut; Schmerz verwandelt sich in Freude, und als Belohnung für Ihr Risiko winkt erfolgreiche Heilung. Sie wachsen aus der rechten Seite des *Sputniks*.

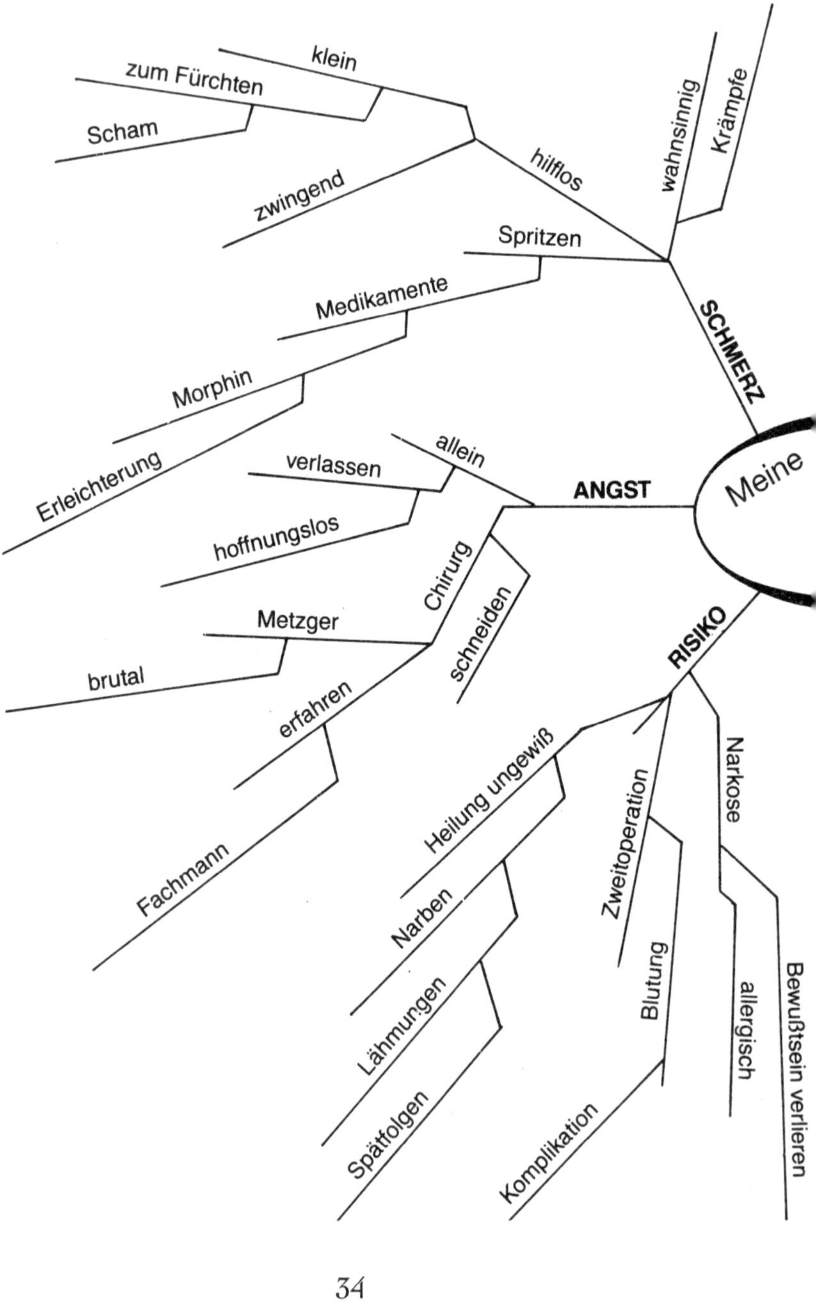
Meine
SCHMERZ
hilflos
zwingend
klein
zum Fürchten
Scham
wahnsinnig
Krämpfe
Spritzen
Medikamente
Morphin
Erleichterung
ANGST
allein
verlassen
hoffnungslos
Chirurg
Metzger
brutal
erfahren
Fachmann
schneiden
RISIKO
Heilung ungewiß
Narben
Lähmungen
Spätfolgen
Zweitoperation
Blutung
Komplikation
Narkose
allergisch
Bewußtsein verlieren

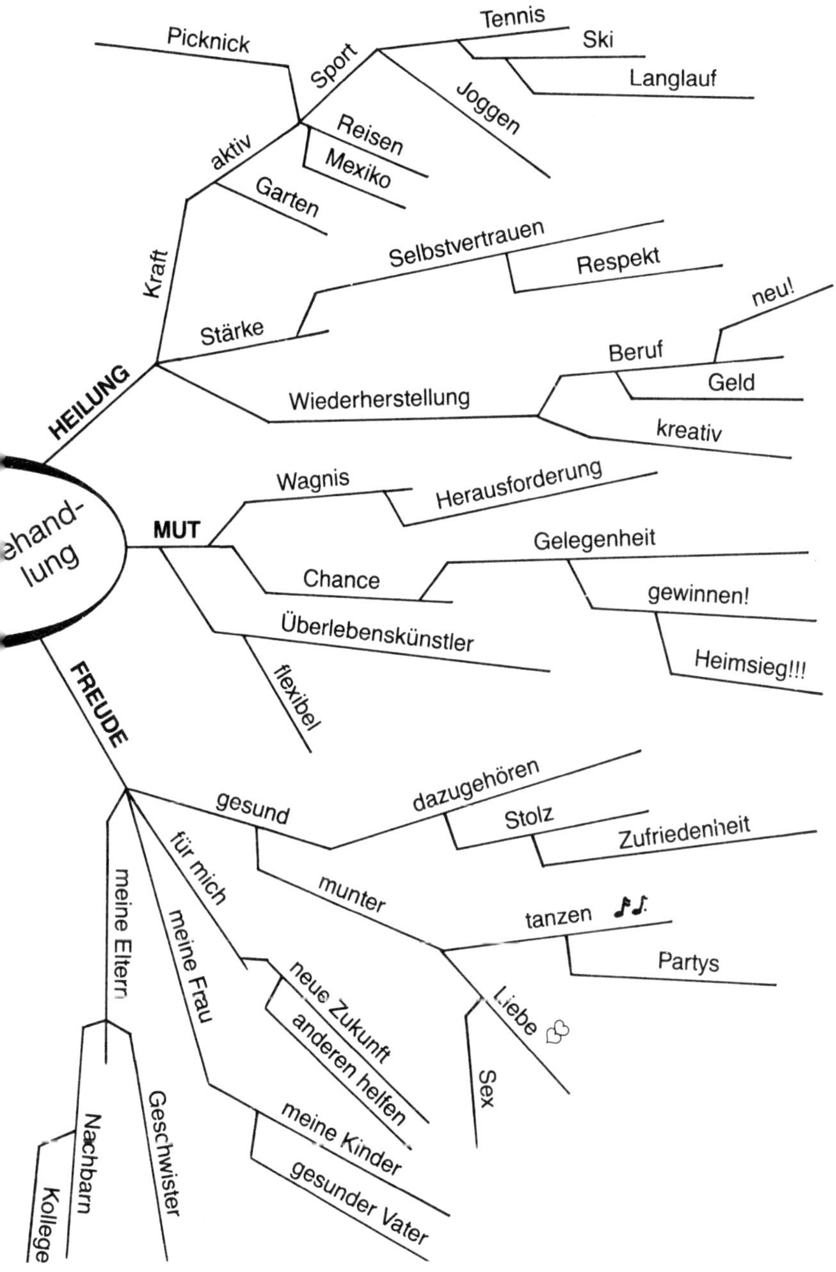
ehand-
lung
HEILUNG
Kraft
aktiv
Picknick
Sport
Tennis
Ski
Langlauf
Joggen
Reisen
Mexiko
Garten
Stärke
Selbstvertrauen
Respekt
Wiederherstellung
Beruf
neu!
Geld
kreativ
MUT
Wagnis
Herausforderung
Chance
Gelegenheit
gewinnen!
Heimsieg!!!
Überlebenskünstler
flexibel
FREUDE
gesund
dazugehören
Stolz
Zufriedenheit
munter
tanzen
Partys
Liebe
Sex
für mich
neue Zukunft
anderen helfen
meine Frau
meine Kinder
gesunder Vater
meine Eltern
Nachbarn
Kollege
Geschwister

Lassen Sie jetzt Ihren Gedanken freien Lauf. Formulieren, assoziieren, denken Sie vorwärts oder seitwärts, lassen Sie Bilder, Fotos und Phantasien zu; riechen, schmecken, hören und spüren Sie mit all Ihren Sinnen, und notieren Sie diese Eindrücke auf der Karte.

Wenn Sie dann Ihre Karte betrachten, werden Sie feststellen, daß entweder die rechte *Für-Seite* oder die linke *Gegen-Seite* stärker repräsentiert ist.

Ein Unentschieden – rechte und linke Seite sind gleich stark – kann sich natürlich zu einem späteren Zeitpunkt noch in eine klare Mehrheit verwandeln. Die Karte ist ja nie abgeschlossen. Neue Tatsachen und neue Aspekte können jederzeit und überall angefügt werden.

Besorgen Sie sich einen Zeichenblock oder Plakatkarton sowie Buntstifte, und legen Sie los!

Tips für die Verstandkarte

- Gebrauchen Sie ein kurzes Wort, ein Stichwort pro Zeile.
- Schreiben Sie in Druckbuchstaben, das macht die Karte leicht lesbar, übersichtlich und aktuell.
- Die Wörter stehen über den Linien, und die Linien gehen klar auseinander hervor, bilden eine Struktur, ein Astwerk.
- Geben Sie dem Verstand freie Bahn! Lassen Sie ihm keine Zeit, zu zensieren und auszuwählen. Schreiben Sie ohne Pause und ohne zu kontrollieren. Sie werden später erstaunt sein, welche Ordnung sich aus dem scheinbaren Chaos entwickelt!

Diskutieren Sie die Verstandkarte mit einer Vertrauensperson. Vielleicht kann ein Mensch, der Ihnen nahe steht, völlig neue Aspekte hinzufügen.

Wird Ihr Körper zustimmen?

Wir würden unsere Organe und ihre Zellen wesentlich besser behandeln, wenn wir sie als selbständige Einheiten mit unabhängiger Intelligenz betrachteten. Die Zellen unseres Körpers werden zwar Bausteine genannt, das heißt jedoch nicht, daß sie als tote Ziegel anzusehen sind.

Die Weisheit des Körpers ist nicht nur ein geflügeltes Wort; würden wir den Körper gewähren lassen, ohne seine Signale mit der Hilfe des Alltagsverstandes ständig zu überrollen, gäbe es weniger Krankheiten. Um mit den Zen-Meistern zu sprechen: »Iß, wenn du hungrig, trinke, wenn du durstig, schlafe, wenn du müde bist.«

Es ist nicht immer unsere Schuld und unsere Wahl gewesen, die Signale des Körpers vernachlässigt zu haben. Als Babys werden wir gefüttert, wenn es Zeit ist, ganz gleich, ob wir Hunger haben oder nicht. Zur Toilette können wir nur während Arbeits- oder Schulpausen, und die elektrische Beleuchtung macht die Nacht zum Tag.

Irgendwann haben wir dann den Kontakt zu den Signalen und Stimmen unseres Körpers verloren und das feine, selbstregulierende Gleichgewicht des Körpers zerstört. Wir vernachlässigen unsere innere Ökologie.

Die Stimme Ihrer Emotionen

Emotionen bilden die unsichtbare Brücke zwischen Körper und Geist und umhüllen beide mit einer Atmosphäre, so ähnlich, wie die Erde sich mit einer Lufthülle umgibt. Je nachdem, ob unsere Emotionen feindselig oder freundlich gestimmt sind, knistert es bedrohlich in unserer Atmosphäre, oder es geht eine einladende Schwingung von uns aus.

Ohne den *emotionalen Körper* sehen zu können, spüren wir seine Energieladungen mit unserer intuitiven Wahrnehmung.

Emotionen sind Teil der Überlebensausrüstung, die uns Mutter Natur mit auf den Weg gegeben hat. Wut macht uns kampfbereit, Furcht warnt uns vor realen Gefahren, Schmerz warnt uns, und Liebe gibt uns Lebenssinn, hilft uns beim Fortpflanzen, Nestbau, Aufzucht der Brut; sie nährt und entspannt durch ihre Wärme und Fürsorge.

Manchmal leben jedoch zu unserem Leidwesen unsere Emotionen ihr eigenes Leben; sie brechen aus uns hervor und schwemmen uns hinweg, allen guten Vorsätzen zum Trotz! Denn das Wort Emotion kommt aus dem Lateinischen: *emovere* = herausbewegen.

Wir besitzen vier starke, sehr energiegeladene Basis-Emotionen:

Basis-Emotionen
- Liebe
- Furcht
- Schmerz
- Zorn

Wenn ich eine Emotion nicht ausdrücke, sie in den Untergrund meines Wesens verbanne, wird sie dort ein destruktives Eigenleben beginnen, das fast immer in Selbstzerstörung endet. Jede nicht ausgedrückte Emotion sollte als negativ und destruktiv angesehen werden. Jede ausgedrückte Emotion dagegen als positiv und konstruktiv, auch wenn ihr Ausdruck die unangenehmen Begleiterscheinungen zeigt, die mit Schmerz, Furcht oder Zorn einhergehen.

Emotion	unausgedrückt	negativ	destruktiv
	ausgedrückt	positiv	konstruktiv

Nehmen Sie Ihre Angst an die Hand

Als ich neulich mit dem Rad unterwegs war und unbekannte Pfade befuhr, hörte der Weg an einem Bach plötzlich auf. Umkehren wollte ich nicht, und ich erwog einige Pläne, davon den, die zwei Meter könne ich mit dem Rad unterm Arm gut springend überbrücken. Vorsorglich testete ich meine Idee und sprang erst einmal ohne das Rad. Dann faßte ich mir ein Herz, nahm Anlauf und landete scheppernd auf der anderen Seite.

Furcht hatte mich gewarnt und mich dazu gebracht, das Risiko zu erkennen, es zu minimieren und auszutesten. Furcht ist immer die Warnung vor einer realen Gefahr. Angst dagegen orientiert sich nicht an der Realität.

Eine gute Bekannte wagt es nicht, über noch so kleine Bäche zu springen. Je mehr Begleiter sie anfeuern, anstacheln oder verlachen, desto größer wird ihr Widerstand und ihre Angst. Als Kind fiel sie in einen Gartenteich und wäre beinahe ertrunken. Bei Wasser taucht immer diese Erinnerung in ihren Gedanken auf und setzt Angst frei. Diese Angst, weil nicht an der Realität getestet, stößt ihrerseits weitere ängstliche Gedanken an, die sich bis zur Panik steigern können. Viele Menschen nehmen den ersten Teil dieses Prozesses gar nicht wahr und bemerken erst die Panik, von der sie dann nicht nachvollziehen können, woher sie eigentlich kam.

Angst läßt sich reduzieren, wenn wir die Gedanken verringern, die zur Angstreaktion führen. Es gilt den Teufelskreis zu unterbrechen, in dem die Angst vor der Angst zu noch mehr Angst führt.

Neulich arbeitete ich mit einem Klienten, den seine Ängste quälten. Ich schickte ihn in einen Spielzeugladen, um ein STOP-Schild zu kaufen, wie sie für Modelleisenbahnen oder Verkehrserziehung angeboten werden. Dieses STOP-Schild trug er mit sich herum, holte es aus der Tasche, sah es sich an und schwenkte es vor seinen Augen hin und her, wenn er wieder im Prozesse war, sich mit der Woge seiner Ängste in eine Panik aufzuschaukeln.

Ich habe mir angewöhnt, Angst wie eine Welle über mich hinwegrollen zu lassen. Jede Welle hat einen Anfang, eine Mitte und ein Ende. Das Ende der Welle liegt jeweils tiefer als die umgebende Wasseroberfläche, das heißt, nach jedem Wellenberg (Aufregung) kommt ein Wellental (Beruhigung), das viel länger andauert als die Welle selbst. Richten Sie Ihre ganze Aufmerksamkeit von jetzt an auf das entspannende Wellental, nachdem Sie den Wellenberg über sich haben hinwegrollen lassen.

Ursprünglich ist Furcht ein Warnsignal, das uns auffordert, zu kämpfen oder zu flüchten. Wird die Angst überwältigend oder gibt es für uns keinen äußeren Fluchtweg, bleibt nur der Rückzug nach innen: die Regression in das Unterbewußtsein.

Um an Ihrer innerlichen Heilung arbeiten zu können, lassen Sie uns das Unterbewußtsein als unser inneres Kind betrachten. Das können Sie an die Hand nehmen, können es trösten und ihm schwierige Situationen erklären, es für Abenteuer begeistern, auch wenn sie risikoreich sind. Machen Sie Ihre Ängste zu Ihren Kindern!

Eine meiner Klientinnen hat ihrem inneren Kind einen Namen gegeben und ein buntes Taschentuch als Symbol gewählt. Wenn sie mit ihm reden will, nimmt sie das Tuch, verzieht sich in eine ruhige Ecke und hält Zwiesprache.

Wenn Sie den Kontakt zu Ihrem inneren Kind herstellen, verfügen Sie über einen beständigen *heißen Draht* zu Ihrer Gefühlswelt! So sind Sie Ihren Gefühlen nicht mehr ausgeliefert. Sie werden Ihre Gefühle und Emotionen anschauen, erleben und zufriedenstellend lösen können.

Befragen Sie Ihre spirituelle Stimme

Ob Sie an einen Gott glauben oder nicht – wir alle haben schon einmal die Erfahrung gemacht, daß wir im Innersten unseres Wesens mehr sind als die Gesamtsumme unserer Teile. Diese uns innewohnende Erfahrung definieren die jeweiligen Religionen verschiedenartig: als Essenz, Seele, Tao, kosmische Intelligenz, höheres Selbst oder ähnliches.

Diese Essenz ist auch Ihnen zugänglich. Sie spricht zu Ihnen, sendet Bilder oder schickt Erkenntnisse in Form von intuitiven Geistesblitzen.

Besonders jetzt, zur Zeit Ihres Krankenhausaufenthaltes, kann Ihre innere Stimme Ihnen Führung und Leitung geben.

Der Alltagsverstand blendet die Signale Ihres spirituellen Bewußtseins häufig aus und übertönt sie. Wenn Sie über den Alltagsverstand hinausgelangen, erleben Sie das, was ich mit »Sonntagsbewußtsein« bezeichnen möchte; ein Zustand jenseits der Gegensätze, in dem Sie Einheit und Heilsein erleben.

Vorbereitung. Nehmen Sie sich zehn Minuten Zeit. Entspannen Sie sich mit einer Methode, die Ihnen zusagt.

Visualisierung. Schließen Sie die Augen, und stellen Sie sich vor, Sie würden innerlich Ihr eigenes Herz anblicken und seinem Schlagen zuhören. Dann stellen Sie der Seele halblaut folgende Fragen:

- »Was ist deine Botschaft?«
- »Was ist meine Gabe und Begabung?«
- »Was soll ich aus der vor mir liegenden Erfahrung lernen?«

Lauschen Sie dann auf die Antworten, die Ihnen häufig sofort kommen, wenn Sie die Frage noch nicht ganz ausgesprochen haben.

In anderen Fällen verzögert sich die Antwort und taucht in Situationen auf, in denen Sie sie am wenigsten erwarten (zum Beispiel beim Zubettgehen).

Kapitel 3

Imaginationen für die Heilung

Richtig visualisieren

Beim Visualisieren sollen sich Verstand und Emotionen an einer speziellen Stelle Ihres Körpers treffen: im Herzen!

Es gibt keine ganz genaue Gebrauchsanweisung, wie Sie sich zu entspannen haben oder meditieren sollen, denn nur Sie selbst wissen am besten, was Sie nötig haben.

Hier jedoch einige Ratschläge.

Körperhaltung. Die meisten Übungen beginnen mit: »Sitzen oder liegen Sie in einer bequemen Stellung.«

Wenn Sie zu den Personen gehören, die während Entspannungsübungen leicht müde werden und einzuschlafen drohen, ist es besser für Sie, sich zu setzen, um wach zu bleiben.

Läßt sich das Liegen nicht vermeiden, so richten Sie einen der Unterarme im Ellbogen auf; sollten Sie dann einschlafen, so wird der Arm herunterfallen und Sie hoffentlich wieder aufwecken.

Wenn Sie ein äußerst aktiver Mensch sind, legen Sie sich zu den Übungen hin. Geben Sie sich ausdrücklich die Erlaubnis, sich zu entspannen.

Halten Sie während der nächsten halben (oder ganzen) Stunde Ihren Alltagsverstand im Leerlauf.

Vermeiden Sie Bewegungen. Jedesmal, wenn ich während meiner Meditationen an der Schwelle zu etwas

Neuartigem stehe, versucht mein Verstand, mich abzulenken: Zum Beispiel beginnt eine Stelle an meinem Kinn zu jucken. Wenn ich mich dann kratze, geht der besondere Moment verloren.

Ich kämpfe nicht gegen solche Störungen, sondern beziehe sie in meinen Bewußtwerdungsprozeß ein, indem ich sie schlicht und einfach beobachte. Nach 30 bis 60 Sekunden hört das Jucken meistens auf.

Atmung. Nasenatmung wird hauptsächlich vom Zwerchfell bewerkstelligt. Der Brustkorb bewegt sich dabei kaum. Wenn Sie mir nicht glauben, legen Sie Ihre Hand auf Ihr Brustbein; atmen Sie erst durch die Nase und danach tief durch den Mund.

Brustatmung durch den Mund sorgt für Durchzug in der Lunge und eliminiert die sauren Abgase der Atmung, das Kohlendioxid (CO_2).

Je tiefer die Atemzüge, desto mehr frischer Sauerstoff erreicht Lungen und Herz.

Es gibt einen Rhythmus, der besonders entspannend ist: tief ein – tief aus – Pause von drei bis fünf Herzschlägen nach dem Ausatmen. Die einzige Anstrengung ist das Einatmen, das aktiv geschieht. Danach lassen Sie die Luft passiv entweichen und entspannen sich bereits, während Sie ausatmen. In der darauffolgenden Pause erreicht Ihre Entspannung ihr Maximum: Alle Muskeln sind schlaff, einschließlich des Zwerchfells und der Stimmbänder. Die Kapillaren der Haut erweitern sich, und Sie fühlen eine wohlige Wärme durch Ihre Gliedmaßen rinnen, die meist mit einem Gefühl der Schwere gekoppelt ist.

Verstand. Tiefes Atmen entspannt den Verstand. Ihr Gehirn geht über in einen ruhigen Zustand, der Alpha-Rhythmus heißt. Ihr Verstand wird anfänglich immer wieder mit Kommentaren und Bemerkungen Ihre Aufmerksamkeit auf sich ziehen wollen. Gehen Sie nicht darauf ein! Statt dessen sagen Sie sich gelassen: »Danke für die Mitteilung!«

Zeit. Mit nichts manipuliert unser Verstand geschickter als mit Zeit. Er kommt mit zig Vorschlägen, was Sie besser mit Ihrer Zeit anfangen könnten, statt hier rumzusitzen.

Es dauert mindestens 45 Minuten, bis Ihr Verstand wirklich auf Entspannung umschaltet. Daher empfehle ich:

Geben Sie sich 60 Minuten Zeit für eine ausführliche Meditation. Es ist wichtig, die Entscheidung über die Dauer einer objektiven Zeitnahme zu überlassen, z. B. dem Küchenwecker oder einer Armbanduhr mit Zeitgeber.

Versichern Sie sich bitte vor Beginn der Übung, daß der Wecker korrekt gestellt ist, um Kommentaren vorzubeugen wie: »Es müßte doch schon längst geklingelt haben; schau doch mal eben nach, ob du den kleinen Knopf auch rausgezogen hast.«

Umgebung. Falls Sie sich Ihre Umgebung aussuchen können, wählen Sie einen Platz, wo Sie nicht gestört werden. Umgeben Sie sich mit Objekten, Pflanzen oder Bildern, aus denen Sie Kraft und Ruhe ziehen.

Sehen und fühlen und hören. Die Zentren für Sehen, Hören und Fühlen liegen an verschiedenen Stellen im Gehirn. Je mehr verschiedene Sinnesreize Sie gebrauchen, desto größer die Anzahl der Gehirnzellen, die Sie in Ihren Prozeß einbeziehen, desto breiter und intensiver Ihr Erlebnis.

Wer häufig Ausdrücke gebraucht wie etwa: »Sieh doch meinen Standpunkt; das sehe ich nicht ein; Sehen ist Glauben«, denkt hauptsächlich in Bildern und ist visuell.

Benutzen Sie ständig Begriffe wie: »Das will ich verstehen; niemand hört auf mich; bitte versteh' mich doch«, denken und begreifen Sie hauptsächlich über Ihr Gehör, so sind Sie ein auditiver Typ.

Fallen immerzu Sätze wie: »Das will ich begreifen; ich erfasse die Lage; es berührt mich«, läuft Ihr Denken über Ihr Gefühlszentrum, und Sie sind ein sensitiver Typ.

Visualisierungen laufen also für die visuellen Typen hauptsächlich über Bilder, während die anderen Typen eher mit ihrem Gehör oder ihren Gefühlen *sehen*.

Ein Bild sagt mehr als tausend Worte

Wie haben wir gedacht, bevor wir erlernt haben, Worte zu gebrauchen?

Denken Sie an Ihre Kinderzeit! Damals hatten Ihre Kinderbücher große, bunte Bilder und nur wenige Wörter: »Das ist Bello. Er ist Paulas Hund.«

Als Sie älter wurden, verschwanden Bilder zunehmend aus den Schulbüchern. Bilder sind unsere ursprüngliche Sprache! Die ältesten Sprachen sind Bilderschriften.

Sehe ich zum Beispiel einen Baum, so projiziert er sich auf meine Netzhaut und von da auf das Sehzentrum meines Gehirns, wie auf eine Kinoleinwand.

Stelle ich mir dagegen in meiner Imagination einen Baum vor, so schaffe ich mir eine Abbildung auf meiner Leinwand, die nicht auf äußeren Reizen beruht.

Wirklichkeit und Imagination – beides Projektionen! Die treffendste Übersetzung des aus dem Lateinischen stammenden Wortes Imagination ist: *Schöpfung von Bildern*.

Windrose Zuversicht

Die folgende Übung hilft Ihnen, sich auf eine Behandlung so vorzubereiten, daß die Heilung unterstützt wird.

Vorbereitung. Setzen oder legen Sie sich für diese Übung bequem hin. Vermeiden Sie es, sich die nächste Zeit zu bewegen.

Richten Sie die Aufmerksamkeit auf Ihre Atmung.

Entspannen Sie Ihren Kiefer, lassen Sie ihn fallen; Ihr Mund ist jetzt halb offen. Atmen Sie durch den geöffneten Mund aus und ein, bis in die oberste Etage Ihrer Lungen. Legen Sie die Hand auf das Brustbein, und fühlen Sie, wie die Atmung es hebt und senkt.

Lassen Sie Ihre Atmung in einen entspannenden Rhythmus fallen von: tief ein – tief aus – Pause nach der Ausatmung.

Wiederholen Sie laut:

»Diese Behandlung ist gut vorbereitet. Ich bin in Topform und verlasse mich voll und ganz auf meine Qualitäten als vertikaler, mündiger Patient.

Ich sehe mich als flexibel und gleichzeitig unnachgiebig in meinem Heilungswillen.

Ich sehe mich vertrauensvoll Ärzten und Personal gegenüber.

Ich sehe mich ruhig und gelassen und gleichzeitig angeregt und neugierig.«

Visualisierung. Ich stelle mich in die Mitte eines Kreises.

Dieser Kreis wird zur Windrose und zeigt die vier Himmelsrichtungen an, wie ein Kompaß.

Ich befinde mich genau in der Mitte der Windrose. Ich breite meine Arme aus und werde so zur Kompaßnadel.

Von nun an bestimme ich die Richtung meines eigenen Lebens und schaffe meine Zukunft selbst.

Ich drehe mich jetzt im Mittelpunkt des Kreises, und mein rechter Arm zeigt nach

Osten. Im Osten geht die Sonne auf.

Ich sehe mich im Frühling meines Lebens und schlüpfe hinein in meinen Körper von damals. Ich spüre seine Vitalität, Kraft, Biegsamkeit und Anpassungsfähigkeit. Ich werde zu dieser frischen und von Lebenskraft überfließenden Person.

Ich fühle mich gelabt und erneuert; mein Herz pumpt angeregt, mein Blut strömt warm, meine Abwehrkräfte stehen in Bereitschaft, und meine Lungen füllen sich mit frischer Luft.

Die Vögel erwachen und schwingen sich in die Lüfte, um diesen neuen Tag zu begrüßen. Mein Geist folgt ihnen auf seinen eigenen Schwingen, um aus dieser Vogelperspektive hinabzublicken auf die kleiner und kleiner werdenden Sorgen.

Seit der Verstand sein Gesichtsfeld erweitert hat, haben sein Horizont und sein Wissen sich ausgedehnt. Er ist nun wie ein zweischneidiges Schwert geschärft und in der Lage, einschneidende Entschlüsse zu meinem Besten zu fassen.

Der Osten ist die Richtung meiner Erneuerung und symbolisiert den Beginn meiner Genesung, die bereits stattfindet.

Ich drehe mich jetzt nach rechts weiter im Kreis der Windrose und blicke dem ausgestreckten rechten Arm entlang nach

Süden. Die Sonne steht im Zenit und erwärmt mich mit goldenen Strahlen. Sauerstoff ist verwandeltes Sonnenlicht, und mit drei tiefen Atemzügen nehme ich warme Sonnenenergie in meine Lungen und meinen Körper auf, die mich mit Kraft und Mut versorgt.

Es ist Sommer, und die Natur ist auf dem Höhepunkt ihrer Entfaltung. Wiesen glänzen in sattem Grün. Ich stelle mir vor, Mutter Natur nährt und kräftigt meinen Körper, vor allem aber das Feuer meines Willens.

Mit meinem Willen setze ich mir Ziele, und mit seiner Hilfe führe ich sie bis zu ihrer Vollendung aus.

Ich drehe mich in der Windrose weiter nach rechts und blicke nach

Westen. Die goldenen Farben des Herbstes begrüßen mich, und er überschüttet mich mit großzügigen Erntegaben. Kürzere Tage, Morgennebel, Regen abwechselnd mit Sonnenschein, versinnbildlichen die innere Landschaft meiner Gefühle.

Wie die Geschöpfe des Wassers, die Fische, erlaube ich mir, bis zum Grund des Ozeans meiner Gefühle hinabzuschwimmen.

Was immer mir auf dieser Reise begegnet, werde ich anschauen, um dann zu entscheiden, ob ich es bewahren oder für immer loslassen will. Von jeder emotionellen Last befreit, kehre ich munter wie ein Delphin an die Oberfläche zurück.

Ich hebe meinen Kelch, gefüllt mit frisch gepreßtem Traubensaft, und proste mir und den auf mich wartenden Herausforderungen zu.

Noch einmal drehe ich mich nach rechts, schließe den Kreis der Windrose und schaue über meinen Arm nach

Norden. Ich sehe die Erde in ihrer reinen Form, wenn der Winter ihre grüne Decke weggezogen hat.

Ich fühle die Erde unter mir, spüre, wie ich durch ihre Anziehungskraft tiefer in meine Unterlage sinke. Ich empfinde mich von Mutter Erde empfangen und fühle mich von ihr angezogen, umsorgt und geliebt. Sie wünscht nur das Beste für mich.

Winter erweitert den Horizont bei Tage und beschert uns lange Nächte, um in die Tiefen unserer Seele vorzudringen.

Märchen und Mythen, am Herdfeuer erzählt, ermutigen und erinnern mich, meine eigenen Wunder zu planen und zu vollbringen.

Die Windrose ist hiermit geschlossen. Vollendung und Perfektion nähren einander von nun an gegenseitig, da der Kreis immer wieder in sich selbst mündet: Unendlichkeit, Ewigkeit.

Mit diesem neugewonnenen Bewußtsein, genährt, gestärkt und reich beschenkt, beginne ich nun:

- einen neuen Kreislauf in der Windrose oder
- steige aus dem Zentrum der Windrose aus und kehre zurück in meine Welt, die sich seit dieser Meditation bereits verändert und sich meinen Notwendigkeiten angepaßt hat.

Beeinflussen Sie Ihre inneren Dialoge

Zunächst einmal möchte ich mit dem Mythos vom »reinen Denken« aufräumen, denn ich bin überzeugt, daß wir keinen Gedanken denken, ohne gleichzeitig auch etwas dabei zu fühlen, und umgekehrt. Diese Einheit wird allgemein nicht wahrgenommen oder anerkannt.

Imagination wird recht früh als gefühlsduselige Einbildung abgetan und dem Kind ausgeredet.

Bilder setzen jedoch mit Hilfe von Emotionen körperliche Funktionen in Gang. Bedrohliche Szenen drücken Alarmknöpfe: Das Hormon Adrenalin provoziert eine Kampf-Flucht-Reaktion; lustvolle Bilder stimulieren Ihre Sexualhormone, und friedvolle, liebende Geschehnisse schenken Ihnen Ruhe und Gelassenheit durch ein Hormon, das wir Endorphin nennen. Auch Ihr Abwehrsystem wird von Hormonen kontrolliert. So können also Ihre gedanklichen Bilder über den Umweg der Gefühle entweder stimulierend oder blockierend auf Ihre körperlichen Abwehrkräfte einwirken.

»Piratensender«

Die elektrischen Entladungen unseres Verstandes überschütten uns mit einer Vielzahl von Bildern und Szenen auf allen Ebenen, bewußt und unbewußt.

Da ist zunächst einmal das Hauptprogramm, das wir bewußt einschalten, auswählen und anschauen. Schon hier empfehle ich, alle unerwünschten und negativen Gedanken rauszuwerfen, wie zum Beispiel: »Da werd ich ja ganz krank von!« – »Lieber wäre ich tot, als ...!« – »Ich fürchte, ich ...« und so weiter.

Solche Sätze programmieren Sie mit negativen Erwartungen. Ihr Unterbewußtsein faßt sie als Befehl auf: »Das macht mich doch sterbenskrank!«

Wenn wir schon auf unserem bewußten Kanal negative, pessimistische und krankmachende Botschaften aussenden, was, glauben Sie, empfangen wir unbemerkt von unseren Untergrund- und Piratensendern?

Selbst wenn Erinnerungen oft aus Schmerzen, Leid, Eifersucht, Versagen, Beschränkungen und Problemen bestehen, starren wir gebannt und voller Abhängigkeit auf die Schatten von damals und lassen sie im täglichen Leben immer wieder aufs neue auferstehen!

Unser Unterbewußtsein analysiert seine Programme nicht. Das steht nur dem Bewußtsein zu. Unser unbewußter *Autopilot* führt die Programme stur und steif aus, als wären sie Befehle.

Da das Unterbewußtsein durch Bilder spricht, können Sie lernen, diese Sprache richtig und vorteilhaft für sich einzusetzen! Sie brauchen bloß die alten Programme zu neutralisieren und durch neue zu ersetzen.

Benutzen Sie Ihr Bewußtsein, um Ihr Unterbewußtsein zu Ihrem Vorteil zu programmieren, indem Sie regelmäßig geleitete Phantasien machen und bejahende Bekräftigungen wiederholen.

Passive und aktive Entspannung

Zunächst einmal werden Sie bestimmen, welche oder wieviele von Ihren vier Aspekten – Körper, Emotionen, Verstand und Geist – Sie am dringendsten entspannen wollen.

Ist das geschehen, wird dieses Kapitel nun die Frage nach dem Wie beantworten.

Eine unübliche Bitte: Teilen Sie die Leute Ihrer Umgebung in *Schildkröten* (bedächtig, methodisch, langsam) oder *Rennpferde* (feurig, aktiv, schnell) ein. Welcher der beiden Gruppen würden Sie sich selbst zuordnen?

Schildkröten entspannen sich passiv. Diese Menschen werden in der amerikanischen Psychologie auch *Typ B*-Persönlichkeiten genannt. Sie sind introvertiert, beziehen ihren Selbstwert hauptsächlich aus sich und sind nicht so leicht aus dem Gleichgewicht zu bringen.

Beispiele für passive Entspannung:

- körperlich: Yoga, T'ai Chi, Gymnastik, Gesellschaftstanz, autogenes Training;
- emotional: schreiben, spazierengehen, Musik hören, Laienspielgruppe;
- verstandesmäßig: Zeitunglesen, Kreuzworträtsel lösen, Schach spielen, Puzzle;
- seelisch: Atemmeditation, Zen-Meditation, Musik hören.

Rennpferde bekommen Sie höchst selten dazu, sich für eine Stunde in eine Yoga-Positur zu setzen, um auf ihre Atmung zu lauschen.

Sie beginnen sich zu entspannen, wenn sie sich körperlich, emotional oder verstandesmäßig verausgaben. Sie spannen sich so total an, bis die Spannung in Abspannung und dann schließlich in Entspannung umschlägt.

Rennpferde ordnet man den *Typ A*-Persönlichkeiten zu. Sie sind extrovertiert, beziehen ihren Selbstwert aus ihrer Umgebung und reagieren auf unvorhergesehene Situationen sehr temperamentvoll.

Beispiele für aktive Entspannung:
- körperlich: Leistungssport, Jogging, Aerobic, Diskothek;
- emotional: ausagieren, dramatisieren, Bioenergetik-Übungen, Psychodrama;
- verstandesmäßig: Rätsel, Verstandspiele, Denkwettstreit;
- seelisch: Höhepunkt-Erfahrungen nach Anstrengung (zum Beispiel Bergsteigen), Gebet.

Anforderungen, Spannungen und psychischer Druck haben in den letzten hundert Jahren exponentiell zugenommen. Das Bedürfnis nach aktiver Entspannung wird immer größer. Methoden östlicher Religionen, Yoga oder Vipassana (Atemmeditation) können kaum noch die bis zum Zerreißen gespannten Nerven erlösen.

»*Typ B*« profitiert auch davon, ab und zu Methoden auszuprobieren, die eigentlich nur den *Rennpferden* vorbehalten sind: erstaunlich neue und frische Erfahrungen warten jenseits der Grenzen, die sein Verstand ihm gesetzt hat.

Nachdem *Typ A* sich ausreichend abgestrampelt hat, wird auch er die passiven Übungen genießen können. Was *Typ A* tatsächlich von allen Dingen am meisten braucht, ist Ruhe, Frieden und Einsicht.

Wird die *Schildkröte* zum *Fohlen* und das *Rennpferd* zum *Seepferd,* haben sie sich aus den ihnen bekannten Gefilden hinausbegeben und in neue Domänen vorgewagt.

Erholung für die Gefühle

Protestbrief

Fertigen Sie eine Liste mit Namen der Leute an, von denen Sie in der Vergangenheit ungerecht und gemein behandelt worden sind. Numerieren Sie die Liste und geben Sie die Nummer eins Ihrem größten Widersacher.

Schreiben Sie nun einen Brief an diese Person. Sie werden das Schreiben nie abschicken, also können Sie unzensiert und ohne Skrupel alles, aber auch alles zu Papier bringen, was Sie im Laufe der Zeit angestaut haben. Geizen Sie nicht mit Schimpfwörtern und Kraftausdrücken, lassen Sie Ihren unbewußten Ärger ungehindert aus Ihrem Inneren heraus!

Als nächsten Schritt stellen Sie sich vor, daß der Adressat Ihnen auf einem Stuhl gegenübersitzt, während Sie den Brief laut vorlesen. Der Adressat kann nicht eingreifen, ist sozusagen dazu verurteilt, schweigend zuhören zu müssen.

Stellen Sie sich vor, Sie seien ein Schauspielschüler oder eine -schülerin und hätten die Aufgabe, Ihre Protestnote mit soviel Gefühl und Theatralik wie möglich zu deklarieren.

Verstecken Sie den Brief für den Rest des Tages, nachdem Sie ihn verlesen haben.

Wiederholen Sie die Lesung am zweiten und dritten Tag. Werden Sie sich bewußt, ob und wie sich Ihre Haltung gegenüber Ereignissen und Personen verändert.

Am dritten Tag verbrennen Sie den Brief. Die Flammen verzehren mit dem Geschriebenen auch die Gefühle, die Sie in den Brief hineingeschrieben haben, und Ihr Ärger geht in Rauch auf.

Schreiben Sie an jede Person auf Ihrer Liste einen solchen Protestbrief.

Transformation durchs Feuer

Vorbereitung. Setzen oder legen Sie sich bequem hin. Beginnen Sie tief und ruhig durch den geöffneten Mund zu atmen im Rhythmus von ein, aus und einer Pause nach dem Ausatmen.

Visualisierung. Erinnern Sie sich an den letzten Vorfall, bei dem Sie sich z. B. gekränkt, mißachtet und übervorteilt gefühlt haben.

Selbst wenn Sie außer Schmerz damals nichts anderes gefühlt haben, muß Sie tief drinnen der Vorfall nicht nur verletzt, sondern auch geärgert haben.

Lassen Sie noch einmal den Film der Ereignisse vor Ihrem inneren Auge ablaufen:

Konzentrieren Sie sich jedoch diesmal darauf, den Ärger, die Wut oder den Haß zu fühlen.

Atmen Sie tief, und fühlen Sie Ihre Emotionen gleich unter dem Zwerchfell, dort, wo die Spitze des Brustbeins aufhört. An dieser Stelle liegt ein Nervenknoten mit dem bezeichnenden Namen Sonnengeflecht. Dort werden Sie Hitze spüren, wenn Sie Ihre Emotionen nun auf diese Stelle projizieren. Lassen Sie ihnen freien Lauf, und atmen Sie tief.

Gebrauchen Sie Ihre Lungen als Blasebälge, die das Feuer anfachen. In welchen Farben sprüht Ihr Feuer? Wie hoch schlagen die Flammen, welche Temperatur erreicht es?

Lassen Sie jetzt einen Feuersturm entstehen, so groß, so gewaltig, daß er das erste Feuer glatt verzehrt und Wut, Haß und Ärger zu Asche verbrennt. Die Gefühlsenergie, die dabei freigesetzt wird, transformiert sich in kreative Energie. Falls es Ihnen jetzt in den Händen zuckt und Sie gerne etwas tun würden, dann holen Sie sich einen Stapel Zeitungen. Zerreißen Sie sie in kleine Schnipsel, bis Ihre Erregung abgeklungen und der Zorn verraucht ist. Glauben Sie mir, niemand kann sehr viel länger als fünf Minuten wütend sein, wenn er es ausagiert.

Feuer zieht Wind an. Große Luftmassen bringen Kühle und Linderung nach der Feuersbrunst.

Fühlen Sie sich gereinigt, erleichtert, befreit, erlöst und entspannt. Die Wut war wie ein Korken, der Sie verschloß. Aber jetzt kann sich Ihr Bewußtsein wieder zu neuen Dimensionen aufschwingen.

Erinnern Sie sich noch an weitere schmerzvolle und erniedrigende Ereignisse, die Sie mit Wut beschwert haben, so machen Sie eine Liste, und wiederholen Sie die oben beschriebene Prozedur, bis Sie sich vollständig gereinigt und geklärt fühlen.

Sollten Sie mit mehr Ärger in Kontakt kommen, als Sie allein handhaben können, suchen Sie bitte professionellen Rat bei Therapeuten, die sich in der Abfuhr von Gefühlen auskennen (Gestalttherapie, Bioenergetik, integrierende Atemtherapie, Imagineering etc.).

Generalabrechnung

Denken Sie
an alle Leute, von denen Sie ungerecht behandelt und emotionell verletzt worden sind. Wählen Sie die Person aus, die bei Ihnen am meisten auf dem Kerbholz hat, und schreiben Sie den Namen auf ein Stück Papier; was sie Ihnen angetan hat und wie sehr es Ihr bisheriges Leben beeinflußt hat.

Fühlen Sie
alle negativen Gefühle und Emotionen, die Sie erst ausdrücken müssen, bevor Sie dieser Person wirklich vergeben können;
alle positiven Gefühle und Emotionen, die in Ihnen aufkommen würden, wenn Sie dieser Person vergeben könnten.

Gestehen Sie sich ehrlich ein, wie ungern Sie Ihren Groll fahren lassen, daß diese Person Ihre Vergebung eigentlich nicht verdient, wie sehr Sie mit Ihrer Opferrolle im Recht sind und in Ihrem Stolz gekränkt.

Beachten Sie hier vor allem Ihre Investition in Ihre Rechthaberei und den Trost, der Ihnen aus der Opferrolle zufließt. Beides Sackgassen!

Die nun folgende Übung soll Sie aus dieser Falle befreien:

Meditation
Stellen Sie sich einen Wecker auf fünfzehn (Minimum fünf) Minuten, sitzen oder liegen Sie ganz still, und beobachten Sie Ihre Atemzüge. Atmen Sie durch den geöff-

neten Mund ein und aus. Geben Sie Ihrem Adrenalinspiegel Zeit, zum Normalpunkt zurückzukehren. Falls Ihre Gedanken abschweifen, bringen Sie Ihre Aufmerksamkeit immer wieder zurück zu Ihrer Atmung.

Befreiung
Sie verwandeln Ihre vergangene Negativität gegenüber der Person in etwas Konstruktives. Erleben Sie, wie Sie bereit sind, zu vergeben, Ihre Hand auszustrecken, und wie Sie bereit sind, auch Ihre Seite des Problems in Betracht zu ziehen.
Erleben Sie, wie die Person ihrerseits insgeheim gehofft hat, Vergangenes endlich ruhen zu lassen, und erfreut Ihre Hand ergreift. Dieser Mensch sagt nun etwas zu Ihnen, das das Verständnis füreinander vertieft.

Verzeihen Sie sich selbst
Schauen Sie sich in einem Spiegel in die Augen, und sagen Sie laut: »Ich bin nicht perfekt, aber wunderbar. Ich vergebe mir selbst für ... und lasse jetzt den Vorfall für immer los. Ich gebrauche meine freigewordene Energie für meine Heilung.
Ich achte mich für diesen Schritt, respektiere mich für meine Entschlossenheit, lobe meine Durchsetzungsfähigkeit, liebe mich für meine Offenheit und freue mich über meinen Willen, mich zu entwickeln.«

Feier und Integration
Schreiben Sie einen versöhnlichen Brief, oder rufen Sie die Person an. Teilen Sie ihr mit, daß Sie ihr vergeben haben.
Sie werden erstaunt sein, wie positiv die Reaktion in den

meisten Fällen ausfällt. Selbst wenn Ihr Friedensangebot nicht akzeptiert wird, Sie haben nichts mehr zu verlieren, denn Ihr Klärungsprozeß hat Sie befreit.
Sollte die Person gestorben oder verzogen sein, schreiben Sie einen versöhnlichen Brief, den Sie verbrennen.

Vollenden Sie unerledigte Geschäfte!
Setzen Sie sich mit Papier und Bleistift hin und machen eine Liste von den zehn wichtigsten Erledigungen, die Sie bisher vor sich hergeschoben haben. Da sind Rechnungen, die zu bezahlen sind; die Bücherei hat Sie schon zum drittenmal gemahnt; Sie haben Ihrer Mutter immer noch nicht mitgeteilt, daß …

Beginnen Sie sofort damit, die Liste zu erledigen!

Finden Sie auf Ihrer Liste Verpflichtungen, die Sie erheblich belasten und Versprechen, die Sie eigentlich bereuen? Ist das der Grund, warum Sie ihre Erfüllung so lange aufgeschoben haben? Ist dies der Fall, so gibt es zwei Alternativen:
Haben Sie die Verpflichtungen übernommen, weil Sie nicht nein sagen können? Ist das der Fall, so lernen Sie ab sofort, nein zu sagen, ohne sich schuldig zu fühlen! Teilen Sie Ihren neuen Entschluß kurz und knapp den Betroffenen mit, ohne sich in Diskussionen zu verstricken.
Läßt sich die Verpflichtung nicht ohne weiteres absagen (rechtliche oder finanzielle Angelegenheiten), so erfüllen Sie sie ein letztes Mal und machen gleichzeitig Mitteilung, daß Sie über eine neue Lösung zu verhandeln wünschen.

Gehen Sie liebevoll mit sich um

Da Sie eine Behandlung oder eine Operation nötig haben, könnte es Ihnen irgendwo an Selbstliebe gefehlt haben. Aus Mangel an Selbstliebe *vergessen* wir, Sicherheitsgurte anzulegen, heben Gegenstände, die zu schwer für unsere Wirbelsäule sind, überarbeiten uns, opfern uns für sinnlose Beziehungen, erlauben uns keine wirklichen Freunde, mißtrauen unseren Erfolgen, kritisieren uns selbst, gönnen uns keine Freude, Liebe oder Zärtlichkeit.

Wir trinken, essen, rauchen und schlucken schädliche Substanzen, bleiben bei einer Firma, die wir *ablehnen,* und in einer Beziehung, die uns *zu Tode langweilt*.

Höchstwahrscheinlich sind sehr viele Krankheiten Ausdruck mangelnder Selbstliebe.

Zuviel Erfolg, zuviel Stolz, zuviel Bestätigung, zuviel Reichtum können uns genauso stressen wie ihre Gegenteile.

Unser Alltagsverstand liebt seine Komfortzone! Die Komfortzone ist unser gewöhnliches Maß an Zufriedenheit und Erfolg, ein Pegel, der uns vertraut ist. Jede Ausdehnung ober- oder unterhalb dieser Demarkationslinie provoziert Angst und Streß, die sich dann in Ärger oder Schmerz Luft machen. Unterhalb der Komfortzone liegen Belastungen, die unser Leben zusätzlich erschweren. Für viele bietet die untere Grenze der Komfortzone eine Faszination und Herausforderung. Sie lieben schwierige und existenzbedrohende Situationen wie Unfälle, Bankrott, Scheidungen und Rechtsstreite weit mehr, als an der oberen Grenze nach Erfolg, Überfluß, Liebe und Anerkennung zu streben. Unser Ego scheint fasziniert vom Überlebenskampf.

Oberhalb der Komfortzone liegt allerlei Gutes, von dem wir behaupten, daß wir es uns sehnlichst wünschen. Wenn wir es aber dann bekommen, können wir es nicht genießen.

Wie viele Leute kennen Sie, die endlich die langersehnte Beförderung, das gewünschte Haus oder den erhofften Partner gefunden haben und dann … geht etwas schief?

Liebe ist die von uns am meisten unterdrückte Emotion!

Wie viele Leute kennen Sie, die aus Angst vor den Folgen des Erfolges lieber gar nichts erreichen wollen nach der Devise: »Ich krieg' ja doch nicht, was ich will, 'ne Nummer kleiner tut's auch.«

Wem es an Selbstliebe mangelt, der wird hin- und hergeschleudert zwischen der Angst zu versagen und der Angst vor Erfolg.

Nun entdecken Sie den wirklichen tieferen Sinn von Krankheiten und Operationen: Sie helfen uns zu reifen. Unser persönliches Wachstum verläuft nur zeitweise gradlinig. Mehr und mehr Erfahrungen türmen sich aufeinander, und plötzlich kommt es explosionsartig zum Durchbruch. Manchmal verläuft solch ein Quantensprung, indem etwas in unserem Körper wirklich durchbricht: ein Blinddarm, ein Knochen.

Solch ein Geschehnis, auch wenn es Ihnen momentan höchst unwillkommen scheint, will Ihnen das Tor zu Ihrem nächsten Wachstumsschritt öffnen.

Wirkliches Wachstum gedeiht in Anwesenheit von Liebe.

Die folgenden Übungen bereiten Sie auf eine Behandlung oder Operation vor. Sie werden Ihren Überlebenswillen auf Vordermann bringen, indem Sie ja sagen zu dem unerschöpflichen Reservoir Ihrer Liebe, das Sie, wie jedes menschliche Wesen, in sich tragen, ob Sie bisher ausreichend daraus geschöpft haben oder nicht.

Selbstbelohnung

Welchen großen Wunsch haben Sie sich seit Jahren nicht erfüllt? Das neue Auto, von dem Sie immer träumen? Einmal in der teuersten Boutique Ihrer Stadt einkaufen?

Zeigen Sie, wieviel Sie wirklich wert sind. Ab heute hören Sie auf, billig zu sein!

Wenn Sie nicht sofort losgehen können, um Ihre Besorgungen auszuführen, setzen Sie sich jetzt einen verbindlichen Termin, den Sie einzuhalten geloben. Merken Sie sich:

Heilung umschließt immer auch Gesundheit in finanziellen, beruflichen und partnerschaftlichen Angelegenheiten!

So wird Ihnen warm ums Herz

Erweitern Sie die Komfortzone Ihrer Selbstliebe und Ihres Selbstrespekts.

Stellen Sie sich ein Thermometer mit einer Gradeinteilung von 0 bis 100 vor. Prüfen Sie sich. War Ihre Liebe zu sich selbst bisher eher kühl, warm oder heiß? Wo, zwischen 0 und 100 Grad, würden Sie den Hitzegrad Ihrer Eigenliebe ansiedeln?

Schließen Sie nun die Augen, und verschieben Sie in Ihrer Imagination die Marke auf eine höhere Stufe. So hoch, daß es eine deutliche Steigerung bedeutet, aber nicht so hoch, daß sie völlig außerhalb der Komfortzone liegt.

Skizzieren Sie das Thermometer mit der alten Temperatur und die neue Grenzmarke auf ein Stück Papier, und heften Sie es an Ihr Bett oder Ihren Spiegel.

Wiederholen Sie die gleiche Prozedur für Ihren Selbstrespekt, Ihre Selbstsicherheit und Ihr Selbstvertrauen.

Wiederholen Sie die Übung jeden Tag, bis Sie 100 Grad erreicht haben, geben Sie nicht auf, bis sich die neue Idee, daß Sie sich zu 100 Prozent lieben und respektieren, fest in Ihrem Bewußtsein verankert hat.

Darunter tun Sie's einfach nicht!

Liebe körperlich spüren

Alle Teile Ihrer Persönlichkeit ziehen nun am selben Strang und erlauben Ihrer Selbstliebe mehr Ausdruck als zuvor. Es ist nicht, als hätten Sie nie Selbstliebe besessen, sie war nur versteckt. Nun werden Sie sie erschließen.

Vorbereitung. Sitzen oder liegen Sie bequem, finden Sie Ihren Atemrhythmus, schließen Sie Ihre Augen.

Atmen Sie jetzt durch den geöffneten Mund tief in Ihre Lungen, und sehen Sie, wie sich Ihre Herzgegend mit Sauerstoff füllt.

Visualisierung. Sagen Sie sich vor: »Meine Herzgegend erwärmt sich mit jedem tiefen Atemzug, als fachte ich ein Feuer mit einem Blasebalg an.

Das Feuer lodert in warmen Farben von Rot über Orange bis Gelb.

Ich fühle die Hitzewellen auf der Haut, meine Wangen glühen. Ich strecke die Hände zum Feuer, und die Finger prickeln. Ich höre die Äste knacken und die Flammen lodern.

Ich rieche Rauch und schmecke die heiße und trockene Luft. Je tiefer ich die erhitzte Luft einatme, desto wärmer wird mir ums Herz.

Mein Herz gleicht einer elektrischen Spule; es dreht sich mit jedem Herzschlag in den Kraftlinien des Magnetfeldes, das unsere Erde umgibt. Werden die Kraftlinien geschnitten, erzeugt das Energie wie eine Turbine. Die Energie breitet sich aus, bis mein Herz umgeben ist von einer Atmosphäre, die ich Liebe nenne. Diese ätherische Substanz erwärme ich mit jedem Atemzug.

Sie fühlt sich sanft an wie Samt und geschmeidig wie Seide. Sie duftet wie ein Frühlingsstrauß und schmeckt süß wie Blütennektar.

Meine Hände können sie berühren, aber nicht ergreifen. Sie finden keine Begrenzung. Meine Liebe dehnt sich ohne Grenzen aus; ich finde keinen Anfang und kein Ende und erfasse ihre Endlosigkeit.

Meine Liebe durchdringt meinen gesamten Körper wie Flüssigkeit oder Luft. Liebe kennt keine Trennwände oder Schotten. Alle meine Teile werden durch sie vereint und verbunden. Was unterteilt war, ist nun zusammengefügt, was getrennt war, ist nun eins. Ich fühle eine neue Einheit.

Seit ich alle meine unterschiedlichen Aspekte vereinigt habe, fühle ich mich größer als die Gesamtsumme meiner Teile. Eine Kraft steigt in mir auf, die immer schon bestanden hat und die ich durch den Akt der Selbstliebe ins Leben gerufen habe. Ich werde dieser neuen Stärke gewahr. Diese Macht ist mein *Selbst*. Meine Alltagspersönlichkeit, die ich bisher mit *ich* bezeichnet habe, läuft über in eine neue und größere Einheit, mein Selbst. Mein Selbst und meine Liebe waren und sind eins.

- Alle Liebe, die ich brauche, trage ich immer schon in mir.
- Ich öffne mich meiner Liebe und erlaube ihr, mich zu durchdringen und zu erfüllen.
- Liebe ist so unendlich, daß sie sogar ihr Gegenteil einschließen kann.
- Ich lade von jetzt ab Menschen in mein Leben ein, die sich liebevoll behandeln und vor Liebe überfließen.
- Meine Gedanken, Gefühle, Handlungen und mein

Bewußtsein werden von nun an von dieser Liebe geleitet.

Liebe markiert das Zentrum, aus dem alle anderen Emotionen hervorquellen. Nur sie hat eine doppelte Dimension, die den anderen Emotionen fehlt: Liebe ist gleichzeitig eine Emotion, durch die sich unser emotionaler Körper ausdrückt, und auch ein Bewußtseinszustand, in dem sich die feineren Schwingungen unserer geistigen und seelischen Körper mischen.

Emotion
Liebe
Bewußtsein

Ihre seelischen Schwingungen aber reichen immer über die schmalen Grenzen Ihrer Alltagsperson hinaus. Die Seele vereinigt Sie mit anderen Menschen, der Natur und dem Rest des Universums.

Bekräftigen Sie das Bewußtsein Ihrer Selbstverwirklichung, wenn Sie sich zur Behandlung begeben. Dann wird der Eingriff zum Fenster in eine neue Dimension!

Liebe in der Praxis

- Machen Sie eine Liste, und schreiben Sie mindestens fünf Eigenschaften auf, die Sie in sich und an sich selbst als liebenswert empfinden.
- Gehen Sie zu mindestens fünf Leuten, die Sie gut kennen, und fragen Sie, welche drei Charakteristika diese an Ihnen als liebenswert empfinden.

- Teilen Sie nun den Befragten drei liebenswerte Eigenschaften mit, die Sie an ihnen bemerkt haben. Dann zählen Sie drei Eigenschaften auf, die Sie an sich selbst liebenswert finden.
- Beachten Sie Ihre eigenen Reaktionen und die Ihrer Gesprächspartner!

Werden Sie sich bitte, während Sie zum Beispiel Ihre täglichen Besorgungen erledigen, der Momente bewußt, in denen Sie aufhören liebevoll zu sein und anfangen zu glauben, Sie seien nicht wert, geliebt zu werden.

Halten Sie sofort inne! Stoppen Sie, was immer Sie tun! Es liegt kein Segen über Ihrer Beschäftigung, wenn Sie sich nicht dabei lieben.

Holen Sie den Zettel mit Ihren liebenswerten Eigenschaften hervor (die Liste wird täglich länger), und gönnen Sie Ihrer Erinnerung eine Auffrischung.

Werden Sie umfassend gesund

Einschlaftraining

Wenn Sie einen leichten Schlaf haben, müssen Sie erst lernen, in ungewohnten Umgebungen einzuschlafen.

Im Krankenhaus ist die ganze Nacht etwas los. Nachtschwestern machen ihre Runden, Türen zum Gang müssen offen bleiben, die Nachbarpatientin schnarcht und wälzt sich unruhig im Bett.

Schlaftabletten sind meist auch keine Lösung, da sie nur Ihr Tagesbewußtsein betäuben. Ihr Schlaf bleibt oberflächlich, Sie wachen am nächsten Morgen unerfrischt auf.

Schlaf ist ein aktiver Gehirnprozeß, daher können Sie nicht mit dem Schlaf kämpfen, weil Wachsein und Schlaf sowieso schon aktiv im Gehirn miteinander rivalisieren. Kämpfen produziert jedoch genau die Energie, die Sie wachhält.

Schlaf bedeutet für unseren Alltagsverstand den Verlust von Kontrolle und ängstigt ihn. Alle störenden Nachtgeräusche sind willkommene Aufhänger, um Ihr Bewußtsein auf Trab zu halten. Versuchen Sie alle Geräusche in die Einschlafprozedur zu integrieren.

Übungen zum Einschlafen

Atmen. Achten Sie einfach auf Ihre Atmung! Spüren Sie, wie Ihre Lungen die Luft ansaugen, sie wieder entlassen, und beobachten Sie die Pause, die danach entsteht. In der Pause läuft ein faszinierender Prozeß ab: Die »Auspuffgase« der Atmung, das Kohlendioxid, bauen sich zu einer immer höheren Konzentration auf, die schließlich den nächsten Atemzug auslöst.

Ihre Atmung steuert sich selbst über die CO_2-Konzentration und ohne das Zutun Ihres Verstandes. Die beiden Atemgase, Sauerstoff und Kohlensäure, bewegen sich wie in einem endlosen Balanceakt auf und nieder.

Sie werden zum Beobachter dieses Auf und Nieder …, und bevor Sie es bemerken, sind Sie tief eingeschlafen.

Zählen. Von eins bis hundert oder mehr zu zählen ist meistens zwecklos, denn jedesmal, wenn Sie zur nächstfolgenden Zehnerstelle kommen, also zum Beispiel von 59 nach 60 überspringen, muß Ihr Verstand aktiv denken. Das hält ihn auf Trab.

Sie können jedoch Ihre Atemzüge zählen, ohne sie zusammenzuzählen:

Atem kommt rein – Atem geht raus –
Atem kommt rein – Atem geht raus –

und so weiter, bis Sie eingeschlafen sind.

Gemächliche Wiederholungen im gleichen Takt verschieben das Spektrum der elektrischen Gehirnwellen zum schlaferzeugenden Alpha-Rhythmus.

Ihr letzter Gedanke vor dem Einschlafen wird Sie den Rest der Nacht begleiten, und der erste Gedanke beim Aufwachen kann den Ton für den ganzen Tag angeben.

Fallen Sie mit Sorgen in den Schlaf, werden diese Sie möglicherweise die ganze Nacht und bis in Ihre Träume hinein verfolgen. Nach solchen Nächten wachen Sie gerädert und zerschlagen auf, ohne sich bewußt zu werden, was die Tretmühle unseres Verstandes die ganze Nacht angestellt hat.

Auf die schlechte Nacht folgt ein schlechter Tag, gefolgt von einer noch schlechteren Nacht.

Benutzen Sie die letzten fünf Minuten vor dem Einschlafen, sich mit hoffnungsvollen und positiven Erwartungen zu programmieren.

Liegen Sie die ersten fünf Minuten nach dem Aufwachen regungslos, und versichern Sie sich: »Dies ist ein wundervoller Tag!« Machen Sie aus Ihren Erwartungen Tatsachen, indem Sie sie Ihrem Alltagsverstand als bereits geschehen anbieten.

Stellen Sie Ihren Verstand vor vollendete Tatsachen.

Bekräftigen Sie sich selbst, wie liebenswert und wertvoll Sie sind: »Ich bin ein wertvoller und liebender Mensch. Ich erwarte, nur Dingen an meinem heutigen Tag zu begegnen, die ich zufriedenstellend und einfach lösen kann. Ich erwarte, auf Menschen zu treffen, die meine liebenswerten Qualitäten erkennen und sie ihrerseits erwidern.«

Wachliegen kann auch als eine Form von Meditation angesehen werden. Nutzen Sie die Zeit, in der Sie wachliegen. Lauschen Sie auf Ihren Herzschlag, und lassen Sie ihn mit jedem Klopfen sagen: »Ich akzeptiere mich! Ich liebe mich! Ich heile mich!«

Das Positive am negativen Denken

Manchmal ist Negativität der beherrschende Pol in unserem Leben. Diesen dann zu bekämpfen macht alles nur schrecklicher. Negativität ist als Gegenpol von Positivität notwendig; beide sind ein Beziehungspaar, ihre Polarität der Grundpfeiler allen Alltagsdenkens. Unser negatives Urteil über Negativität macht diese erst schädlich.

Das Beste für Sie ist, der Negativität einen fest umrissenen Platz in Ihrem Leben einzuräumen, damit sie nicht hintenrum in Ihren gesamten Alltag kriecht und Ihnen alle Freude verdirbt.

Um das deutlich zu machen, lassen Sie ihr freien Lauf an einer bestimmten geographischen Stelle (zum Beispiel auf einem nur für diese Zwecke bestimmten Stuhl sitzend), unterstrichen durch eine bestimmte Körperhaltung (zum Beispiel Faust ballen) und mit einem Zeitlimit (fünf bis zehn Minuten).

Gesundheit als Lebensstil

Die medizinische Werkstatt kann Ihre mechanischen Probleme lösen.

Als vertikaler Patient oder vertikale Patientin werden Sie sich jedoch nicht mit einer äußerlichen und symptomatischen Reparatur zufriedengeben.

Die Zeit im Krankenbett hält einen noch viel größeren Erfolg für Sie bereit: Ihre innere Heilung!

Als außergewöhnlicher Patient wollen Sie aber nicht nur wieder aufsteigen zu derselben Ebene von Gesundheit, auf der Sie vor der Erkrankung gelebt haben.

Ihre alten Lebensumstände mögen zu Ihrem Unfall oder Ihrer Erkrankung beigetragen haben. Rückkehr zum alten Lebensstil und seinen lieben Gewohnheiten heißt Rückkehr in die Gefahrenzone.

Krankheit nötigt uns, Dinge auf frische und neue Weise zu betrachten und zu handhaben: Krankheit als Aufforderung zu Entwicklungen!

Welche Rolle spielt die Krankheit in Ihrem Leben?

- Woran hindert Sie die Krankheit, und welche Dinge müssen Sie unterlassen, die Sie sonst tun würden oder getan hätten? Erstellen Sie eine Liste.
- Wozu nötigen Sie die Erkrankung und Rekonvaleszenz, und welche Dinge müssen Sie tun, zu denen Sie sich nun durch den Druck der Symptome motivieren lassen können?
- Wie werden Sie Ihren Lebensstil umstellen, und womit beginnen Sie als erstes?

Wie Sie wahrscheinlich aus dem Ergebnis dieser Übung sehen, sind in Ihnen zwei verschiedene Kräfte am Werk, die miteinander streiten. Die erste Liste zeigt die Wünsche und Bestrebungen Ihrer Tagperson. Diese hat im Rahmen des Altbewährten bestimmte Pläne gemacht und sich Ziele gesetzt.

Aus der zweiten Liste können Sie ersehen, daß mit der Krankheit in Ihnen eine Kraft am Werk ist, die getrennte Ziele und Ideale verfolgt. Wie ein Detektiv können Sie aus dem, was die Erkrankung verhindert und zu was sie

Sie nötigt, schlußfolgern, welche Pläne diese Kraft für Sie bereithält.

Im dritten Schritt beginnen Sie den Durchbruch zu einem neuen Selbstverständnis. Sie nehmen das Risiko Ihrer Heilung an!

Atmung als Lebenselixier

Unsere Atmung ist wie eine Wippe von zwei Polaritäten. Unser gesamtes Leben pendelt im Rhythmus von Ein- und Ausatmung hin und her. Sie brauchen nur zum Beobachter Ihrer Atmung zu werden und zuzuschauen, wie die Ebbe und Flut der Atemluft kommt und geht, steigt und fällt. Nach jeder Ausatmung folgt eine natürliche Pause, die neutrale Zone, in der sich die Kohlensäure in den Lungen bis zu dem Punkt aufbaut, an dem sie den nächsten Atemzug auslöst.

So meditieren Sie richtig

Bringen Sie sich in eine bequeme Stellung, die es Ihnen erlaubt, zwanzig Minuten ohne größere Bewegung zu verweilen. Sie können die Meditation nach jeweils zehn Minuten Pause um zweimal zwanzig Minuten verlängern. Stellen Sie sich einen Wecker.

Schließen Sie Ihre Augen, damit Sie nach innen schauen können, und beobachten Sie Ebbe und Flut Ihrer Atmung:

Luft kommt rein – Luft geht raus – Pause.

Überlassen Sie sich dem natürlichen Rhythmus Ihrer Atmung, ohne sie zu forcieren oder zu beeinflussen. Wenn Sie gelernt haben, dem Rhythmus und dem Auf und Ab Ihrer Atmung zuzuschauen, wird es Ihnen leichter fallen, die komplizierten Rhythmen Ihrer Sinnesorgane (sehr schnell), Gedanken (schnell) und Gefühle (langsam) zu beobachten.

Achten Sie nicht darauf, was Sie sehen oder hören.

Ärgern Sie sich nicht, wenn Sie durch Gedanken, Gefühle oder einen Sinnesreiz abgelenkt werden.

Bringen Sie Ihre Aufmerksamkeit einfach immer wieder zurück zu Ihrer Atmung.

Tips gegen Störungen

Kommt zum Beispiel ständig Ärger hoch, benennen Sie ihn, ohne sich mit ihm zu identifizieren!

Sagen Sie dreimal aus einer objektiven Beobachterrolle heraus mit unbeteiligter Stimme:

»Ärger – Ärger – Ärger«

Werden Sie während Ihrer Meditation beständig von einem oder mehreren Gedanken verfolgt, schreiben Sie sie auf ein Blatt Papier, das Sie dann in einer kleinen Zeremonie respektvoll verbrennen. Fahren Sie danach mit Ihrer Meditation fort.

Von der heilenden Wirkung des Nichtstuns

Wenn nichts zu tun ist, keine Ziele oder Aufgaben warten, keine Beziehungen Aufmerksamkeit verlangen, geht die Persönlichkeit zur Ruhe! Denn unsere Persönlichkeit und ihre Ego-Funktionen werden durch unsere Tätigkeiten und Beziehungen in Gang gehalten. Lassen wir unser Aktivitätsniveau fallen, reduzieren sich auch die Funktionen unseres Egos.

Der versteckte *Segen* von Krankheit liegt in der einmaligen Chance, zu ruhen und alle Aktivitäten von sich fernzuhalten. Ist Krankheit vielleicht die westliche Form von Meditation?

Wer sich nicht freiwillig ab und zu totale Ruhe gönnt, fällt schließlich auf die Nase und wird dazu genötigt.

Inaktivitätsmeditation

Für die Dauer von 24 Stunden bleiben Sie völlig inaktiv! Von Sonnenuntergang bis Sonnenuntergang liegen Sie hauptsächlich im Bett, hören weder Radio noch Tonband, lesen keine Bücher, schreiben keine Briefe und betätigen sich auch in keiner anderen Weise aktiv.

Die linke Hemisphäre Ihres Gehirns darf in keiner Weise gefordert werden und setzt sich so nach und nach zur Ruhe. Ein entspannender Alpha-Rhythmus breitet sich über Ihr ganzes Gehirn aus, während Ihr Körper sich von Adrenalin- auf Endorphinproduktion umstellt: Ihr System entläßt Hormone für Wohlbefinden und Zufriedenheit.

Diese Meditation fällt sicher einigen Menschen sehr schwer, aber wir können tatsächlich mit uns und unserem Verstand allein sein und uns dabei prima fühlen. Gerade lange Krankenhausaufenthalte und besonders die Rekonvaleszenz zu Hause bieten langanhaltende ungestörte Zeiträume zum Meditieren. Sie geben diesen einen neuen Sinn, wenn Sie die Zeit sozusagen in eine Hängematte verwandeln.

Kapitel 4

Die Außenwelt am Krankenbett

Partnerinnen und Partner

Krankenhausaufenthalte sind einschneidende Ereignisse. Sie sind häufig ein Test, aus welchem Material Beziehungen geschnitzt sind. Hier bietet sich eine gute Möglichkeit, füreinander dazusein, einander Mut zu machen, Freude zu bereiten, den anderen zu unterstützen und den Sinn des Wortes *dienen* zu erfahren.

Lassen Sie die Zeit der Behandlung zu einem entscheidenden Wachstumsschritt füreinander werden!

Bitte lesen Sie dieses Kapitel gemeinsam, damit Sie es besprechen können.

Stellen Sie einander die folgenden Fragen:

Fragen an denjenigen im Krankenbett:

- Hast du irgendwelche Befürchtungen, daß diese Behandlung uns beide oder mich in irgendeiner Weise beeinflussen könnte?
- Kann ich dir bei deiner Entscheidung behilflich sein? Wie?
- Welche praktischen Dinge kann ich für uns erledigen? Zähle sie mir auf.
- Was wirst du von mir persönlich am meisten nötig haben, während du im Krankenhaus bist? Stelle eine Liste mit mindestens fünf Wünschen auf.
- Was wünschst du dir nicht? Was soll ich um jeden Preis von dir fernhalten?

- Wie kann ich es dich wissen lassen, wenn ich erschöpft bin und mich erst erholen muß, bevor ich wieder etwas tun kann?
- Wie willst du mich wissen lassen, wenn du Zeit für dich brauchst und ich dich allein lassen soll? Welche Belohnung können wir einander geben, wenn du die Behandlung gut überstanden hast?

Fragen an den Partner, der Sie unterstützen will:

- Welche Befürchtungen hast du, daß diese Behandlung uns beide, dich oder mich, in irgendeiner Weise beeinflussen könnte?
- Willst du mich unterstützen? Wie?
- Wieviel Zeit wirst du aufbringen können? Wieviel Energie wirst du bereithalten können?
- Was kann ich für dich tun, während ich im Krankenhaus liege?
- Wirst du mich wissen lassen, wenn deine Reserven erschöpft sind und du für einige Zeit nicht in der Lage bist zu geben? Wie?

Vielleicht haben Sie lange nicht mehr ernsthaft miteinander gesprochen?

Als ich krank war, bin ich diese Fragen mit meiner Partnerin durchgegangen. Wir teilten viele Dinge, die uns am Herzen lagen, aber aus Rücksicht für uns behalten hatten. Wir kamen einander näher, klärten die Atmosphäre durch Ehrlichkeit, und das nährte unsere Liebe füreinander.

Falls sich Ihr Partner oder Ihre Partnerin Sorgen macht, halten Sie sich vor Augen, daß wir von unseren

Eltern mitbekommen haben, daß Liebe und Sich-Sorgen-Machen oft miteinander verwechselt werden. Außerdem bedeutet sich zu sorgen in Wirklichkeit sich zu ängstigen. *Sich-Sorgen-Machen* aber ist eine negative Affirmation, die paradoxerweise genau das mit sich bringt, wovor wir uns fürchten.

Ist Ihr Partner ein *Sorgerich*, so seien Sie behutsam in der Diskussion der Risiken und Folgeerscheinungen, und achten Sie darauf, daß seine Sorge nicht ansteckt.

Je mehr beispielsweise eine Operation das Äußere des einen Partners verändert, desto größer scheint die Belastung für die Beziehung zu sein.

Der Verlust eines Armes oder Beines, Chemotherapie, Operationen im Gesicht, die später kosmetisch nachteilig aussehen, provozieren beim Erkrankten automatisch die Frage: »Wird er/sie mich noch liebhaben? Bin ich noch anziehend?«

Es soll hier nicht näher darauf eingegangen werden, wie unsinnig die Frage eigentlich ist und wie oberflächlich eine Gesellschaft, die soviel Gewicht auf Äußerlichkeiten legt.

Besonders Frauen machen sich große Sorgen, wenn sie eine Brust opfern müssen, um ihren Brustkrebs zu überwinden.

Ich hatte ein langes Gespräch mit einer Frau, die die Befürchtung ausdrückte, ihr Ehemann würde sie nach der Operation sexuell abweisen. Ich traf sie zwei Jahre später, wir erinnerten uns an unser Gespräch, und sie teilte mir stolz mit, daß das genaue Gegenteil eingetreten sei. Ihr Mann habe während und nach der Operation seine zärtlichen und mitfühlenden Anlagen entdeckt und entwickelt. Ihre Liebe und sexuelle Beziehung hätten sich vertieft. Äußerliche Veränderungen können uns lehren, von der Oberfläche zum inneren Kern einer Person vorzustoßen.

Sollten Sie beide mit dem Problem nicht klarkommen, scheuen Sie sich nicht, professionelle Hilfe zu suchen.

Mütter, Väter und Geschwister

Die meisten Väter bewahren einen klaren Kopf in Situationen, die die übrigen Familienmitglieder nur allzu häufig mit Panik erfüllen. Dies ist einer der wenigen Umstände, wo es von Vorteil ist, daß Männer im allgemeinen nur diejenigen Gefühle fühlen, die sie fühlen wollen. Ausnahmen bestätigen die Regel.

»Alles halb so schlimm« ist ihre Devise und genau die Botschaft, die ich hören will, wenn ich einer Operation oder Behandlung ins Auge sehen muß.

Mit den meisten Vätern (Großvätern) kann man das Für und Wider eines Eingriffs erörtern; sie denken praktisch, erwägen Kosten und Nebeneffekte wie Arbeitsausfall, Wiederherstellungszeit und Umschulung. Sie mögen Ihnen sogar viel zu bereitwillig zu radikalen Methoden raten, wenn sie aus der alten mechanischen Denkschule stammen, die Probleme dadurch löst, sie außer Sicht zu schaffen: »Du hast ein Magengeschwür, laß es herausschneiden, und du bist wieder gesund.«

Mütter sind da meistens ganz anders. Sie sind oft das fühlende Element der Familie, auch wenn sie ihre Gefühle nicht immer ausdrücken. Ein Leben lang haben sie Kinder empfangen, getragen, geboren, aufgezogen und versorgt. Gäbe es ein »Wörterbuch für Mütter«, würde der Begriff *Mutterliebe* dort mit Sicherheit definiert als: *sich sorgen um*. Über ihren eigenen Selbsterhaltungstrieb hinaus besitzen Mütter zeit ihres Lebens den Instinkt, ihre Kinder am Leben zu erhalten und gegen Unheil schützen zu wollen.

Wie Sie sehen, sind Mütter nicht gerade die am besten geeigneten Gesprächspartner, um ein so angsteinflößendes Thema wie eine ärztliche Behandlung und ihre Folgen zu diskutieren.

Zu Ihren eigenen Bedenken addieren sich die Ihrer Mutter.

Ich bekam das am eigenen Leibe zu spüren! Als ich meine Mutter auf meine Bandscheibenoperation vorbereiten wollte, walzte sie am Telefon glatt über mich hinweg. Sie erklärte mich für unbesonnen, leichtfertig, sorglos und unverantwortlich. Die Liste war in Wirklichkeit noch viel länger und gipfelte in der Feststellung, ich wäre ja wohl immer tollkühne Risiken eingegangen, um mich umzubringen.

Da ich emotional selbst betroffen war, dauerte es eine ganze Weile, bevor ich ihre Mutterliebe und -sorge hinter diesem Bombardement wahrnehmen konnte. Ich hatte auf eine rationale Erörterung des Themas *Operation* gesetzt und – unbewußt – auf ihre wohlwollende Unterstützung gehofft, zumal sie selbst Operationen durchgemacht hatte.

Meine Mutter aber war in nackter Sorge um das Leben ihres Jüngsten! Ihre Angst verlieh ihrer Argumentationsfähigkeit ungeahnte Flügel. Bevor ich es bemerkte, hatte sie all meine Verteidigungslinien überrannt und marschierte in meine weit offene Flanke. Jeder Widerspruch war zwecklos.

Mein Wunsch nach verständiger Anteilnahme und meine Hoffnung auf Sympathie waren verständlich, aber töricht. Mutter vertrat ihre eigene Panik und war ihr bester Advokat!

Mit letzter Kraft beendete ich das Telefonat, bevor mein Schwung und mein Mut für die Operation endgültig verloren waren.

Geschwister sind häufig die verläßlichsten Bundesgenossen in solchen Ausnahmesituationen. Doch auch hier müssen wir einen hohen Grad von Bewußtsein bewahren. Als Kinder haben wir innerhalb unserer Familienstruktur bestimmte Rollen eingenommen, wie die Schauspieler in einem Theaterstück. Jeder hat in der Besetzung des *Familienzirkus* einen Platz gefunden, angefangen vom *großen Bruder, kleinen Professor, schwarzen Schaf, Ersatzmutter, verlorenen Kind,* bis hin zum *Familienclown.* Liegt einer von der Familie im Krankenhaus, so signalisiert seine Hilflosigkeit, Schwäche und Abhängigkeit die Rückkehr in die Kinderzeit. Plötzlich behandeln ihn die – mittlerweile – erwachsenen Geschwister wieder wie damals.

Und nicht nur das, alle haben die Tendenz, in ihre alten Rollen zu schlüpfen. Der Älteste spielt wieder den *großen Bruder* und *Helden,* der alles regeln und entscheiden will – und so weiter. Das kann für die Beteiligten oftmals sehr unerfreulich enden.

Die Zeit im Krankenhaus ist ein Prozeß, an dem wir wachsen, eine wertvolle Erfahrung auf unserem Lebensweg. Sie berührt nicht nur uns allein, sondern alle, die uns nahestehen. Wir haben die Wahl, diese Situation in ein Drama, eine Komödie oder ein Lehrstück zu verwandeln.

Ihre bewußte Entscheidung, wem Sie wann welche Rolle anvertrauen, wird über die Natur des Theaterstücks entscheiden. Mit Hilfe der vorangegangenen Information werden Sie diese Aufgabe zufriedenstellend meistern können!

Besuchszeit!

Am Besuchstag kommen nicht einzelne Familienmitglieder auf Besuch, sondern ein ganzes Familien*system*!

Unmerklich versuchen Sie, Ihren im Alltag angestammten Platz in diesem System einzunehmen. Der Erfolg läßt dabei oft zu wünschen übrig! Oft herrscht deshalb, nachdem die Besucher wieder abgezogen sind, gedrückte Stimmung.

Ihre Verwandten besetzen in Ihrem Leben bestimmte Rollen. Nutzen Sie jetzt die einmalige Gelegenheit, diese Rollen neu zu verteilen! Zum Beispiel könnten Sie Ihrem Sohn erklären, daß er nun den Vater spielen kann und Sie das Kind. Werden Sie zum Lotsen Ihres Familiensystems!

Was Entscheidungen angeht, sollten Sie sich nicht einspannen lassen.

Sie liegen nämlich im Bett, und das Unterbewußtsein Ihrer Besucher entdeckt Ihre hilflose, abhängige und schwache Position. »Vielleicht«, so wispert deren Unterbewußtsein, »läßt sich der eine oder andere Vorteil für mich dabei herausschlagen!« Ein Freund erzählte mir: »Mein Schwager kam auf Besuch und fragte, wie lange ich denn noch im Krankenhaus liegen müsse. ›Noch vier Tage‹, antwortete ich. ›Dann kann ich ja solange deinen Wagen haben‹, meinte er.«

Ehe man sich's versieht, haben Sie sich allerlei Zusagen abluchsen lassen. Bitten Sie um Bedenkzeit!

Denken Sie daran: Schieben Sie alle Entscheidungen zunächst einmal auf! Alle! Nichts ist so wichtig, daß es nicht einige Tage oder Wochen warten könnte.

Erklären Sie freundlich und bestimmt, Sie könnten im Moment nicht klar genug denken und wären nicht in der Lage, verantwortungsvolle Entscheidungen zu fällen.

Sie haben das Recht, nein zu sagen, ohne sich schuldig fühlen zu müssen!

Gerichts-, Bank- und andere Termine können mit einem Attest des Arztes jederzeit aufgeschoben werden.

Mit der Außenwelt reicht auch häufig die Vergangenheit mit langen Armen in das Krankenzimmer hinein. Freunde, die Sie jahrelang nicht mehr gesehen haben, Exfreundinnen und Exehepartner tauchen aus der Versenkung auf, um während der Besuchsstunde an Ihrer Bettkante zu landen: »Ich habe von unserem alten Freund Tom gehört, du liegst im Krankenhaus. Da wollte ich es mir nicht entgehen lassen ...« Fragen Sie sich, warum Sie erst krank und damit hilflos sein müssen, bevor so jemand Sie aufsucht. Nehmen Sie klare Positionen ein, und beobachten Sie bewußt auftauchende Schuld- und anderen Gefühle.

Jedes Wiedersehen hat seine Flitterwochen, aber wenn die vorüber sind, kommen doch wieder die alten Fragen und Zweifel hoch! Erlauben Sie für die Zeit Ihrer Wiederherstellung nicht, zur Zielscheibe bisher ungelöster Probleme und Konflikte zu werden!

Sie sind eindeutig in einer gehandikapten Position, aus der heraus Sie keine faire Verhandlung führen können.

Denken Sie daran: Sie können jederzeit verlangen, daß auf Sie Rücksicht genommen wird. Sagen Sie, Sie hätten Schmerzen oder seien erschöpft.

Bitten Sie um Verständnis, die Diskussion zu einem geeigneteren Zeitpunkt weiterzuführen.

Verblüffen Sie Ihre Besucher, indem Sie mit ihnen die positiven Aspekte Ihrer Operation oder Behandlung teilen. Die Einsichten, die Stärke, die neuen Freundschaften, die Sie gewonnen haben, seit Sie den Eingriff hatten.

Nicht Ihr Besucher ist derjenige, der Ihre Stimmung aufpäppeln muß. Ihr Besuch ist der Katalysator für Ihre eigene Begeisterung und gute Laune.

Haben Sie dagegen echte Beschwerden, dann sehen Sie zu, daß Ihr Besucher auf der Station, bei der Verwaltung oder dem Chefarzt für Sie interveniert. Klagen Sie aber nie bei Leuten, die keinerlei Macht oder Antrieb haben, die Verhältnisse zu ändern.

Wirkungslose und ohnmächtige Beschwerden entmutigen und deprimieren Sie mehr, als wenn Sie geschwiegen hätten.

Denken Sie daran: Wenn Sie nichts Positives zu sagen haben, sagen Sie lieber gar nichts!

Unterhalten, erfreuen und ermutigen Sie Ihre Besucher, und entlassen Sie sie, wenn Sie müde werden!

Lassen Sie sich nicht bemitleiden, denn Mitleid ist ein trauriger Weggefährte.

Klagen Sie nicht, und erlauben Sie auch niemand anderem, in Ihrer Gegenwart zu klagen! Besuch macht Spaß, ist ermutigend und belebend, ein Zeichen von Liebe und

Anteilnahme. Genießen Sie davon genausoviel, wie Sie vertragen können.

Deshalb ist es ratsam, eine Person aus der Familie, einen »vertikalen« Angehörigen, dafür zu bestimmen, die Koordination der Besucher und Besuchszeiten zu übernehmen und dafür zu sorgen, daß kein Andrang oder Chaos herrscht und unliebsame Besucher ferngehalten werden. Ihre Heilungszeit ist wertvoll; vergeuden Sie sie also nicht!

In gewisser Hinsicht ist auch das Telefonieren Besuchszeit. Durch Telefonieren können Sie entscheiden, mit wem, wann und wie lange Sie zu kommunizieren wünschen. Die Leute am anderen Ende der Leitung sind oft Hunderte von Kilometern entfernt. Sie haben kein Bild von Ihnen im Krankenbett. Das Bild, das sie von Ihnen haben, ist eine Szene in ihrer Erinnerung: Sie, gesund und munter! Daher werden Ihre augenblicklichen Bedürfnisse nicht immer verstanden, und der Kontakt belastet dann eher.

Setzen Sie sich ein ungefähres Limit, wie lange Sie telefonisch erreichbar sein wollen, und stellen Sie den Apparat die restliche Zeit ab.

Neben den Besuchen, die auch Unruhe bringen, ist der Krankenhaustag meistens voll ausgebucht mit therapeutischen oder diagnostischen Maßnahmen wie Blutabnahme, Röntgen, EKG, Krankengymnastik, Visite und so weiter. Verkürzen Sie sich diese Zeit mit Dösen, Träumen (Schreiben Sie Ihre Träume auf!) oder Lesen.

Ruhe kehrt im Krankenhaus nach dem Abendessen ein. Dann endlich können Sie meditieren und visualisieren.

Kleine und große nützliche Dinge am Krankenbett

- Bleistift, Spitzer, Schreibblock und Farbstift;
- einen Gegenstand in lebendigen Farben, zum Beispiel eine hübsche Decke oder ein buntes Kissen;
- Walkman, Kopfhörer und Batterien;
- Kassetten mit Ihrer Lieblingsmusik, Affirmationen und inspirierenden Vorträgen;
- Bücher und Zeitschriften;
- Ohrstöpsel und Schlafmaske;
- Kleingeld fürs Telefonieren und für Besorgungen;
- Fotos, Bilder oder einen sehr persönlichen Gegenstand, der Ihnen Kraft, Freude und Motivation gibt;
- Pantoffeln, Bademantel, Parfüm, Rasierwasser, Ihr Lieblingsduschmittel;
- Adreßbuch mit Anschriften und Telefonnummern.

Die sorgenden Fachleute

Schwestern und Pfleger sind auch nur Menschen

Schwestern und Pfleger erwarten aus Erfahrung, daß der Patient klagt und etwas will: Sie geben, der Patient nimmt.

Wie erstaunt und erfreut sind sie, wenn Sie ihnen etwas anbieten, sich erkenntlich zeigen (und nicht erst beim Nachhausegehen) und ihre Mühe mit Lob und Anerkennung vergelten.

In einer hierarchisch aufgebauten Krankenhausstruktur wird in der Regel sehr viel Aufmerksamkeit auf Tadel und nur ganz wenig auf Lob verwendet. Das Pflegepersonal bekommt zu hören, was alles schiefgeht und wo es versagt hat.

Dann müssen sie in die Krankenzimmer gehen und sich dort alle Klagen anhören.

Komplimente wirken fast immer, und damit meine ich nicht Schmeicheleien, sondern aufrichtige Anerkennung oder ermunternde Bemerkungen.

Schwestern und Pfleger sind so darauf gedrillt, nach den Schmerzen und Nöten anderer zu schauen, daß sie vergessen, wie gut ihnen ihre Frisur steht, wie freundlich und wie geschickt sie sind.

Haben Sie ein Anliegen, dann tragen Sie es am besten mit den folgenden Einleitungsworten vor: »Ich weiß, Sie haben viel zu tun, wann ist es möglich, ... für mich zu erledigen?«

Sollte Ihre Bitte nicht erfüllt werden, hilft es meistens wenig, dieselbe Person nochmals zu fragen, zu drängeln oder gar bei ihr zu klagen. Fragen Sie jemand anderen, vorzugsweise in einer Position mit mehr Autorität.

Vorbeizug der Gladiatoren: die Visite

Die Chefvisite in der chirurgischen Abteilung eines Klinikums beispielsweise steht in nichts einer barockfürstlichen Prozession nach. Das Personal ist den ganzen Morgen in heller Aufregung und schrubbt, putzt und räumt.

Der Stationsarzt brütet über jeder Krankengeschichte, um dem Chef keine Gelegenheit zu geben, irgendwelche Versäumnisse zu entdecken. Für jeden Patienten läßt er sich eine wohlklingende Diagnose und ein paar erläuternde Sätze einfallen.

Eine aufgeregte Stationsschwester stürzt atemlos ins Arztzimmer mit der Botschaft: »Sie kommen, sie kommen!« Sie, das ist der Chef mit seinen Oberärzten und einem Dutzend Assistentinnen und Assistenten im Gefolge. Natürlich findet der Chef den Besen, der hinter – und nicht vor – dem Vorhang hätte stehen sollen, woraufhin alle Freude im Gesicht der Stationsschwester erlischt.

Wem das ganze Spektakel eigentlich dient, bleibt schleierhaft! Die Patienten, die doch eigentlich die wichtigsten Personen im Krankenhaus sind, werden kaum eines Blickes gewürdigt und kommen so gut wie niemals zu Wort.

Die tägliche Visite ist etwas unkomplizierter. Aber auch hier wird mehr über Sie gesprochen als mit Ihnen.

Strategie für die tägliche Visite

- Finden Sie heraus, für wann die Visite ungefähr geplant ist, damit Sie anwesend sind und sich vorbereiten können.
- Schreiben Sie alle Ihre Fragen auf ein Stück Papier, damit Sie nicht vor Aufregung die Hälfte Ihrer Anliegen vergessen.
- Bestehen Sie auf den Fragen, bis Ihnen zufriedenstellend geantwortet worden ist. Sollte die Zeit nicht ausreichen, machen Sie einen bindenden Termin aus, an dem einer der Ärzte Sie individuell berät.
- Lassen Sie sich im Zweifelsfalle jede Maßnahme und jeden Test genau erklären. Falls Sie nicht von deren Nützlichkeit überzeugt werden können, wer dann?!

Kapitel 5

Ihr Beitrag zu einer erfolgreichen Operation

Sprechen Sie über Ihre Wünsche

Stellen Sie sich vor, Sie haben sich mit allen Voraussetzungen des vertikalen Patienten versehen und Ihren Charakter zum idealen Überlebenskünstler geformt und geschliffen. Mit diesem neuen Selbstwert passen Sie natürlich nur in ein Krankenhaus und zu einem Operationsteam, das selbst aus hervorragendem Holz geschnitzt ist.

Sie begeben sich nun auf die Suche und werden prüfen und testen, bis Sie auf den Ort und die Personen treffen, die Ihnen außerordentliche Resultate versprechen.

Der »vertikale« Chirurg und behandelnde Arzt

An großen Krankenhäusern mit einem Heer von angestellten Ärztinnen und Ärzten kann man nie hundertprozentig sichergehen, welchen der Chirurgen oder Behandler man erwischt. Oft werden Operationspläne in letzter Minute von der Hierarchie der Chef- und Oberärzte nach Belieben umgestellt.

In einer Poliklinik wird Ihre Beratung von dem einen Arzt vorgenommen, die Aufnahme auf die Station wieder von einem anderen, und der für sie zuständige Doktor oder Chirurg mag jemand dritter sein.

Beginnen Sie als vertikaler Patient, sobald Sie auf der Station aufgenommen sind, hartnäckig und bestimmt zu fragen, wer Ihre Operation oder Behandlung vornehmen wird. Zur Not können Sie Ihre Unterschrift auf dem Formular »Zustimmung zur Operation« so lange hinauszögern oder sogar verweigern, bis sich die Abteilung auf Ihren Operateur festgelegt hat.

Privatpatienten können sich ihre Operateure mehr oder minder wünschen. Kassenpatienten sollten zumindest ihre Chirurgen persönlich kennenlernen dürfen!

Immerhin sind Sie Kunde und damit König, denn das Krankenhaus lebt – direkt oder indirekt – von Ihrem Geld. Zeigt sich die Klinik unkooperativ, sollte Ihnen das als Warnung dienen, und Sie mögen Ihre Entscheidung, die Behandlung in diesem bestimmten Hospital vornehmen zu lassen, noch einmal gründlich überdenken. Sorgen Sie dafür, daß Ihr Wunsch bei den zuständigen Stellen – Oberarzt, Chefarzt, Verwaltung – auch wirklich gehört wurde, bevor Sie wieder Ihre Koffer packen.

Wurde Ihnen schließlich ein Arzt zugewiesen, dann versuchen Sie eine Verständigung mit ihm herzustellen. Erzählen Sie über sich selbst, über die Vorarbeit, die Sie geleistet haben, um sich auf die Behandlung vorzubereiten, über Ihren Wunsch nach Kooperation und dergleichen. Ist er vertraut mit Methoden, den Körper mit Hilfe des Geistes bei der Heilung zu unterstützen? Wird er Ihnen dabei helfen können?

Das Gespräch mit der Ärztin oder dem Arzt

- Widmet sie bzw. er Ihnen seine volle Aufmerksamkeit?
  Bleibt er etwa auf Distanz und verschanzt sich hinter seinem Schreibtisch, bleibt er im Türrahmen stehen?

- Spielt er das *Ich-bin-zu-beschäftigt-Spiel*? Dann teilen Sie ihm mit, Sie seien seine Zeit wert. Falls er in Eile ist, fragen Sie ihn, ob er bereit ist, zu einem anderen Zeitpunkt zurückzukommen, um ausführlich mit Ihnen zu reden. Machen Sie einen genauen Zeitpunkt aus, und lassen Sie ihn durch eine der Schwestern daran erinnern. Teilen Sie ihm mit, Sie machten Ihre Zustimmung zur Operation und Behandlung vom Erfolg des Gesprächs abhängig.
- Haben Sie das Gefühl, Sie werden nicht nur angehört, sondern auch verstanden?
- Falls er noch nichts über vertikale Patienten, positive Affirmationen und mentales Training gehört haben sollte – ist er bereit, sich Ihre Bücher, Kassetten und anderes Material anzuschauen?
- Läßt Ihr Arzt Mitgefühl erkennen?
- Haben Sie das Gefühl, daß Ihre Meinung respektiert wird und Sie Ihr Schicksal mitbestimmen können?
- Zeigt Ihr Arzt oder Chirurg eine niedrige oder eine sehr hohe Erfolgserwartung? Nimmt er an, daß die Behandlung exzellent verläuft, Ihre Heilung sich schnell und reibungslos vollzieht und Sie in einem Maße wiederhergestellt sein werden, das Ihren Zustand vor Ihrer Erkrankung bei weitem übertrifft?

Fragen Sie im Zweifelsfalle nach, und kontrollieren Sie, ob Ihre Wünsche begriffen und respektiert werden.

Bitten Sie ihn, sich zu verpflichten, Ihre Forderungen zu unterstützen, falls Sie operiert werden müssen.

Das sollten Arzt oder Ärztin bei einer Operation für Sie tun

- Sie möchten einen Walkman mit Kopfhörer während der Operation ablaufen lassen, um sich positive Affirmationen anzuhören.
- Weil das Unterbewußtsein unter Narkose nicht ausgeschaltet ist, sollen Gespräche während der Operation respektvoll und für den Patienten ermutigend und heilungsfördernd sein. Um jeden Preis müssen negative Kommentare und Urteile vermieden werden. Will er dafür sorgen?
- Ist er bereit, nach Abschluß der Operation einige ermutigende und positive Dinge zu Ihnen zu sagen, selbst wenn Sie noch in Narkose sind? – Er kann Ihnen zum Beispiel mitteilen, daß alles zur höchsten Zufriedenheit verlaufen ist, er Ihnen ein angenehmes Aufwachen wünscht, Sie bald guten Appetit und einen gesunden Durst verspüren werden.

An diesen Herausforderungen und Aufgaben können Sie erproben, inwieweit Sie auf dem Weg sind, ein vertikaler Patient zu werden.

Gleichzeitig geben Sie Ihrem Doktor die Chance, sich als außergewöhnlicher, vertikaler Arzt zu zeigen. Sie sind kein »lästiger und zeitraubender Kunde«, sondern er investiert seine »wertvolle« Zeit in etwas, was ihm Anerkennung, Selbstvertrauen und viel Freude einbringen wird.

Der Anästhesist: Hüter des Unterbewußtseins

Anästhesisten sind ein anderer Schlag als Chirurgen. Sehr viele Frauen fühlen sich zum Anästhesistenberuf hingezogen. Von Natur aus sind sie eher geneigt, auf Gefühle einzugehen, und sie sind sich ihrer behutsamen und vorsorgenden Seite bewußt.

Schon bei Ihrer Aufnahme sollten Sie die Stationsschwester bitten, die Anästhesieabteilung zu unterrichten, daß Sie sich auf ein langes Gespräch mit Ihrem Narkosearzt vorbereitet haben, er also genügend Zeit und Ruhe mitbringen möge. Auch hier ist es in großen Häusern mit verschiedenen Tag-, Nacht- und Sonntagsdiensten durchaus üblich, daß nicht notwendigerweise der Narkosearzt, der Sie untersucht und mit Ihnen spricht, auch die Narkose leitet.

Hinweise für die Anästhesistin/den Anästhesisten

- Frühere Erkrankungen und vorangegangene Operationen, besonders wenn Komplikationen aufgetreten sind.
- Allergische Reaktionen und Allergien auf Arzneimittel.
- Zur Zeit bestehende Erkrankungen, auch wenn sie nicht direkt mit dem Eingriff zu tun haben (Blutdruck, Herzerkrankungen mit Rhythmusstörungen, Nierenerkrankungen, Atembeschwerden und Blutzuckerschwankungen).
- Alle Medikamente mit Packungen und Beipackzetteln.

Nachdem Sie beide diese notwendigen Informationen ausgetauscht haben, können Sie sie oder ihn in Ihr *Projekt vertikaler Patient* einweihen und um Unterstützung bitten.

Das kann die Anästhesistin bzw. der Anästhesist bei der Operation tun

- Walkman, Kopfhörer und Kassetten bedienen.
- Mit Ihnen während der Operation reden, Sie über Fortschritte auf dem laufenden halten und Ihnen ermutigende Mitteilungen machen.
- Ihnen am Ende der Operation noch positive Bekräftigungen mit auf den Weg geben.
- Dafür sorgen, daß Sie im Aufwachraum freundlich und vorsichtig wieder in die Realität eingeführt werden.
- Ihren Verwandten oder Freunden erlauben, im Aufwachraum an Ihrer Seite sitzen zu dürfen.

Eine heilsame Umgebung

Patientinnen und Patienten erster und zweiter Klasse haben natürlich sehr viel mehr Einfluß auf die Räumlichkeiten und damit auf die Umgebung, in der sie gesund werden möchten.

Gehören Sie nicht zu dieser privilegierten Gruppe, können Sie dennoch Ihre Chancen und Ihre Rechte ausschöpfen.

Eine verständnisvolle Stationsschwester kann Sie in ein leeres oder unterbelegtes Zimmer schieben; vorausgesetzt, die Station ist nicht voll belegt und die Verwaltung großzügig. Bitten Sie in jedem Fall um einen Fensterplatz, und weisen Sie ein Zimmer ohne Aussicht auf den Himmel, Wolken, Sonne und dergleichen rundweg ab.

Nehmen Sie sich einige wenige persönliche Dinge, die Ihnen lieb und teuer sind und Ihnen Mut, Trost und Zuversicht einflößen, mit ins Krankenhaus (nichts Zerbrechliches).

Beruhigende und heilende Botschaften während der Operation

Sehen Sie Ihre Operation als eine sportliche Leistung an, auf die Sie sich vorbereiten können, für die Sie trainiert haben und in der Sie mit Sicherheit den ersten Preis gewinnen werden.

Das Geheimnis Ihres Erfolges?

Affirmation für die Dauer der Operation, während Sie in Narkose sind!

Die renommierte englische Ärztezeitschrift *The Lancet* veröffentlichte 1988 die Ergebnisse einer aufsehenerregenden Studie. In einem Doppelblindversuch wurde 39 Patientinnen während ihrer Unterleibsoperation mittels Kopfhörer eine Kassette vorgespielt.

Zwanzig Patientinnen hörten ein leeres Band. Damit schufen die Wissenschaftler eine *Kontrollgruppe*, um sie mit der Gruppe, der eine Kassette mit Affirmationen vorgespielt wurde, später vergleichen zu können.

Neunzehn Patientinnen hörten über Kopfhörer Affirmationen wie: »Deine Wiederherstellung nach der Operation hängt ganz von dir ab – je mehr du dich entspannst, desto schneller deine Heilung.«

Diese Patientinnen konnten durchschnittlich 1,3 Tage früher entlassen werden, litten weniger unter postoperativem Fieber und klagten signifikant über weniger postoperative Störungen. Die Schwestern auf der Station beurteilten ihre Genesung mit »besser als erwartet«.

Als die Patientinnen gebeten wurden, zu raten, ob man ihnen die leere Kassette vorgespielt habe oder die mit den Affirmationen, rieten alle neunzehn korrekt, daß sie Empfängerinnen solcher Bekräftigungen waren.

Ihre geistige Haltung gegenüber der Operation und Ihre – wenn auch passive – Mitarbeit werden Ihnen die lebenswichtigen Punkte einbringen, die Sie zum Erfolg nötig haben.

Hinzu kommt, daß die Narkose Ihren Alltagsverstand mit seinen kritischen Kommentaren ausschaltet. Die Affirmationen wenden sich also direkt an Ihr Unterbewußtsein.

Ein weiterer Vorteil: Sie werden in diesem Kapitel lernen, Ihre eigenen Affirmationen zu komponieren und Ihre eigene Kassette herzustellen.

Untersuchungen haben nämlich bewiesen, daß ein unbekannter Text und eine ungewohnte Stimme weniger gute Ergebnisse erzielen.

Sie werden Ihre eigene Stimme hören oder können liebende Freunde oder Verwandte die Texte auf Band sprechen lassen.

Für die Kassette bieten sich Ihnen zwei Möglichkeiten. Sie können Sie selbst produzieren und damit für Ihre persönlichen Bedürfnisse maßschneidern! Sie können sie aber auch bereits vorgefertigt erwerben (Bezugsquelle siehe S. 171). Hier gibt es Vorschläge von geeigneten Affirmationen für den Operationstisch.

Geflügelte Operation

- Mein Chirurg hat diese Operation viele Male durchgeführt. Ich bin in kompetenten Händen.
- Ich bin entspannt und vertraue den Experten, die für mich Sorge tragen.
- Wie schnell und wie gut die Heilung verläuft, hängt von mir und der Tiefe meines Vertrauens und meiner Entspannung ab.
- Je mehr ich mich entspanne, desto wohler fühle ich mich.
- Ich werde sofort erwachen, wenn die Operation vorüber ist, so als ob ich aus einem tiefen, erfrischenden Nachtschlaf aufwache, und ich werde kräftige, tiefe Atemzüge machen.
- Meine Symptome sind verschwunden, und ich fühle mich sofort besser.
- Die kleine Wunde ist luft- und wasserdicht vernäht und hinterläßt nur eine geringfügige Narbe, die bald ganz verschwindet.
- Meine Abwehrkräfte besiegen jede Infektion.
- Nach der Operation werden Blasenentleerung und Stuhlgang bestens funktionieren. Ich werde bald aufstehen können und mich frei bewegen. Ich habe eine schmerzfreie Heilungsperiode und setze die Schmerzmittel bald ab. Wenn die Fäden gezogen werden, verspüre ich nur ein Kitzeln.

Liebende und heilende Botschaften an meinen Körper

- Meine Heilung hat bereits stattgefunden.
- Die beste Medizin ist meine Liebe für meinen Körper.
- Ich selbst bin mein mächtigster Heiler!
- Wie sehr ich mich selbst liebe, beweise ich mir dadurch, daß ich viel Zeit auf mich verwende.
- Ich lerne, mich und meinen Körper mit jeder Faser meines Wesens jeden Tag mehr zu respektieren und zu lieben.
- Meine Gesundheit wird besser wiederhergestellt als jemals zuvor.
- Mein gesamtes Wesen ist konzentriert auf das eine und einzige Ziel, mich vollständig und endgültig wiederherzustellen.
- Mein Körper fühlt sich leicht, unbeschwert und schmerzfrei an.
- Welch eine Freude, mich wieder stark und gesund zu fühlen!

Unterstützung durch die Außenwelt

- Meine gesamte Familie und alle meine Freundinnen und Freunde haben sich soeben an mich erinnert und unterstützen meinen Heilungsprozeß.
- Gott und die heilenden Kräfte des Universums unterstützen und halten mich und geben mir Stärke und Kraft für eine wundervolle Heilung.

Ballast abwerfen

- Ich habe alle Bedingungen hinter mir gelassen, die zu diesem Zustand geführt haben.
- Ich habe mich von allem Groll befreit und verzeihe all denen, die mich möglicherweise ungeschickt und schlecht behandelt haben.
- Ich habe mir selbst für alle meine Fehler vergeben und weiß, daß all diejenigen mir verziehen haben, die Groll gegen mich hegen. Mein Gewissen ist von Stund an unbeschwert.
- Ich werde von jetzt an Gedanken favorisieren, die meine positive Einstellung zum Leben und meine wunderbare Heilung unterstützen.

Eine Doppelkassette mit dem Titel »Operation ohne Angst« wird für diejenigen Leser unter Ihnen, die sich operieren lassen, am Ende des Buches vorgestellt.

Schmerzlinderung und Entspannung nach der Operation

Nach Ihrer Operation erwachen Sie langsam im Aufwachsaal der Narkoseabteilung. Sie sind benommen und fühlen sich noch halb in einer anderen Wirklichkeit, halb hier. Meist verspüren Sie die Schmerzen erst viel später und hauptsächlich dann, wenn Sie sich bewegen.

Schmerzen

Gleich nach einer Behandlung oder Operation erinnern Sie sich wahrscheinlich an Gelegenheiten, wo Sie sich weh getan haben. Peinigende Schmerzen rufen nach Liebe, bitten um weibliche Zuneigung und Trost in der Urform der Mutter. Seien Sie zärtlich zu sich selbst, und lassen Sie Zärtlichkeit in Ihr Leben.

Denken Sie aber auch bitte einmal darüber nach, daß man uns in unserer Kindheit eine Faszination für Schmerz anerzogen hat und daß Schmerz für uns zu etwas Erstrebenswertem gemacht wurde. Jedesmal wenn es uns schlecht ging, bekamen wir liebevolle Zuneigung! Das hat unser kindliches Ego schnell begriffen.

Wer gab uns Aufmerksamkeit, Zärtlichkeit und körperliche Nähe, wenn wir uns glücklich fühlten?

Mutter war froh, mit der Hausarbeit voranzukommen, wenn wir irgendwo friedvoll in der Ecke spielten. Die

Lehre, die wir Kinder daraus zogen: »Wenn ich glücklich bin, werde ich nicht beachtet. Wenn ich mich verletze, werden mir Anteilnahme, Zeit und Aufmerksamkeit zuteil!«

Die Liebe wird Ihr Lehrmeister

Belohnen Sie sich, wenn es Ihnen gutgeht! Belohnen Sie sich, weil es Ihnen gutgeht!

Bis heute waren Sie erfahren im Leiden, vielleicht sogar ein Experte darin, sich Leiden zuzufügen und Schmerzen zu erdulden.

Schmerzen bestehen als solche nicht. Sie sind eine Projektion.

Stellen Sie sich vor: Wenn Sie sich in den Finger der linken Hand schneiden, sendet er Nervenimpulse zur rechten Hemisphäre Ihres Gehirns, wo eine verkleinerte Blaupause Ihres Fingers aufbewahrt wird. Dort werden die Signale entschlüsselt, als Schmerz »wahr«genommen und in/auf den Finger zurückprojiziert. Es ist also nicht der Finger, der den Schmerz fühlt. Der Schmerz sitzt auf der Blaupause im Gehirn!

Visualisationen, Imaginationsübungen und geleitete Phantasien setzen an der Projektion des Schmerzes an und koppeln ihn von der Quelle ab.

Vertikale Patienten gehen mit ihren Schmerzen auf eine neue Weise um, die der alten Schmerz-Bekämpfung bei weitem überlegen ist:

Hören Sie auf, Ihren Körper wie einen Gegenstand oder ein mechanisches Werkstück zu behandeln!

Respektieren und lieben Sie ihn wie eine wertvolle Person, denn er umfaßt Ihre Gedanken, Gefühle und Ihre Seele!

Behandeln Sie Ihren Körper, wie Sie als Person gerne selbst behandelt werden möchten!

Eine schmerzende Körperstelle oder ein krankes Organ hat Ihre liebende und positive Fürsorge nötig. Überschütten Sie sie mit Liebe und Herzlichkeit. Konzentrieren Sie sich auf die freudvollen Aspekte des Lebens, denn Freude ist das Gegenteil von Schmerz!

Schmerzverdünnungsmittel

Vorbereitung. Liegen oder sitzen Sie in einer bequemen Stellung. Atmen Sie tief durch den geöffneten Mund im Rhythmus von tief ein, tief aus, und pausieren Sie nach dem Ausatmen.

Visualisierung. Ich hole zehnmal tief Luft und sehe mich mit jedem Atemzug eine Treppenstufe hinabsteigen, die zu Entspannung und Schmerzlosigkeit führt.

Ich erreiche eine Terrasse mit einer herrlichen Aussicht.

Stellen Sie sich eine Kugel goldenen Lichts von der Größe eines Fußballs vor.

Mit jedem tiefen Atemzug schwebt die Kugel näher und näher auf Sie zu, um schließlich Ihr gesamtes Gesichtsfeld auszufüllen.

Mit jedem tiefen Ausatmen löst sich nun die Kugel auf, bis auch noch der letzte Rest des Lichtes von der Atmosphäre absorbiert worden ist.

Sehen Sie nun Ihre Schmerzen als eine Kugel voller Licht.

Bringen Sie, mit Hilfe Ihrer Atmung, die Kugel so nahe zu Ihnen hin, bis sie Ihr Gesichtsfeld vollständig ausfüllt.

Jetzt atmen Sie aus. Es verdünnen sich die Luftpartikeln, und die Kugel löst sich auf, bis Sie auch den letzten Rest in die Atmosphäre entlassen haben. Dort wird der Schmerz in kreative Energie umgewandelt und positiv nutzbar gemacht.

Wiederholen Sie die Übung bei jedem Anflug von Schmerz.

Schmerz stellt ein notwendiges Alarmsignal in unserem Organismus dar.

Er kann jedoch für manche Menschen eine besondere Funktion erfüllen. Im Moment etwa eines Unfalls oder Einschnitts kann Schmerz uns anfänglich in einen Zustand erhöhten Bewußtseins katapultieren. Schmerz wird so zu einer Art Droge, die Aufregung und Spannung in ein vielleicht langweiliges Leben bringt.

Wie jede Droge, die ununterbrochen angewendet wird, verliert auch der Schmerz schließlich seinen Reiz. Der Körper gewöhnt sich daran, wird unempfindlich und taub.

Wer sich gewohnheitsmäßig Schmerzen zufügt, wird empfindungslos und blockt im Endeffekt seine höheren geistigen und seelischen Funktionen ab: Schmerz wird zum Verdrängungsmittel!

Betrachten Sie die vorangegangene Übung als Ihre endgültige Entziehungskur von der Faszination, mit der für viele von uns Schmerz und Leiden noch immer verbunden sind.

Ein heilendes Kraftfeld aktivieren

Woher weiß der Arm, daß seine Zellen einen Arm formen sollen? Wieso weiß der Kinderarm, wann er aufhören soll zu wachsen? Wieso weiß der verletzte Arm, wo, wie und was repariert werden muß, damit er wiederhergestellt wird?

Ein Gen allein kann diese Aufgabe nicht erfüllen, denn kein Gen allein ist für den Arm zuständig. Erst das Zusammenwirken vieler Gene schafft ein engmaschiges Netz, ein Kraftfeld, auch *morphogenetisches Feld* genannt. Hier sind die nötigen Informationen gespeichert, ein Organ oder Glied optimal wachsen und funktionieren zu lassen. Von diesem Feld aus wird der Organismus gesteuert. Für jede Region, für jeden Körperteil gibt es so etwas wie eine optimale, originale Blaupause. Dort ist die Erinnerung gespeichert, wie dieses Organ und seine Zellen gesund funktionieren. Demnach wäre Gesundheit ein Bild, das wir in unserem Inneren abgespeichert haben. Krankheit wäre dann die Abweichung von diesem Bild oder ein Gegenbild. Solange wir wie in einer Hypnose oder wie in Trance auf das gesunde Bild starren, werden wir Gesundheit erzeugen. Fixieren wir unsere Aufmerksamkeit dagegen auf die Abweichung, so entsteht anhand des *Krankheitsbildes* ein Symptom. Diese abweichenden Bilder gilt es beim Genesungsprozeß aufzuspüren und neu zu imaginieren.

Vorbereitung. Sitzen oder liegen Sie in einer bequemen Stellung. Atmen Sie durch den geöffneten Mund tief in die oberen Bereiche Ihrer Lungen in einem Rhythmus von tief ein, tief aus und einer Pause.

Visualisierung. »Mit zehn steige ich in die Empfangshalle eines großen Hotels hinab, in der eine entspannte und beruhigende Atmosphäre herrscht. Ich komme tief entspannt und ruhig dort an.

Ich frage den Pförtner, wo die Konstruktions- und Schaltpläne meines Körpers aufbewahrt werden. Auf dem Weg zu diesem Raum atme ich tief und entspannt. Ich klopfe an, werde von einer freundlichen Stimme hereingerufen, die dem Chefingenieur gehört, der für meine Pläne zuständig ist. Er hat sich auf mein Kommen vorbereitet und wird mir bereitwillig zur Seite stehen.

Wir breiten die Pläne aus und schauen uns an, welche Körperregionen, Organe und Zellen in Mitleidenschaft gezogen sind oder welche Muskeln, Sehnen und Gewebe durch den Eingriff getrennt wurden.

Auf der Blaupause kolorieren wir die erkrankten Organe oder Organgruppen mit Farben, die die Genesung und Reparatur unterstützen. Blau, um zu kühlen und Fieber zu senken; Grün, damit Zellen wieder sprießen; Silber, um die weißen Blutkörperchen zu aktivieren; Gelb führt Energie zu, aktiviert und wärmt; Gold für liebevolle Zuneigung.

- Auf den Blaupausen der Pläne verbinden wir durchtrennte Muskelfasern, Nerven und Zellkolonnen.
- Wir öffnen die Anfahrtswege (Lymphbahnen) für die Reparaturtrupps (weiße Blutkörperchen).
- Wir öffnen die Blutgefäße, und sauerstoffreiches, rotes Blut strömt wieder in das Organ.

Generalstabsmäßig planen wir alle notwendigen Schritte schnell, präzise und unkompliziert.

Das Verwaltungsgebäude ist mein Gehirn, und das Zimmer, in dem ich und der Chefingenieur uns befinden, liegt an der Stelle des Gehirns, die für das Organ verantwortlich ist. Die rechte Gehirnhälfte ist für die linke Körperseite zuständig und umgekehrt.

Für die Gehirnzellen hat die Heilung jetzt bereits stattgefunden. Die Körperzellen werden nachziehen.

Nun begleitet mich der Chefingenieur zu einem speziell für Reparaturarbeiten umgebauten U-Boot, in dem ich zum Operationsfeld vordringen werde.

An der Außenseite des U-Bootes sind Werkzeuge angebracht, die ich von innen bedienen kann: Unterwasserschweißgerät, Greifer, Absauger, Spritzdüsen und kraftvolle Scheinwerfer.

Jetzt besteige ich das U-Boot, fahre zum Tätigkeitsfeld und beginne meine Heilung.

Aufräumen: Mit dem Greifer entferne ich alle geschädigten oder toten Gewebe und sauge sie fort. Die kraftvollen Düsen säubern Zellen und Fasern von Blutresten und Verklebungen, bis ihre Oberflächen rosig und gesund schimmern.

Nähren: Mit einer potenten Nährlösung beriesele ich die geschwächten und beschädigten Zellen. Mit mächtigen Halogenscheinwerfern erwärme ich jede Zelle und Faser und bringe sie auf eine lebendige, wohlige Temperatur.

Zum krönenden Abschluß überziehe ich das ganze Operationsfeld mit einer Schicht goldenen Bienenhonigs, der alle Wunden lindert und stillt.

Vereinigen: Mit dem Schweißgerät fahre ich jetzt peinlich genau jede einzelne Wunde entlang und verschweiße und verschließe jede Öffnung und Ritze luft- und wasserdicht.

Die Narben verheilen problemlos und unsichtbar, sind weich, geschmeidig und fügsam.

Jetzt werden meine elektrischen Leitungen, die Nerven, wieder zusammengelötet und ihre Außenflächen mit Gummilösung isoliert.

Sind die Nerven wieder intakt, kehrt einerseits mein Gefühl ins Kraftfeld zurück, andererseits wird es wieder störungsfrei mit der Zentrale verbunden und damit in den Denkprozeß eingegliedert. Es hat damit, drittens, wieder Zugang zu den Prozessen meiner Seele.

Alle vier Komponenten meiner Existenz – Körper, Emotionen, Verstand und Geist – habe ich nun geheilt.

Jedesmal, wenn ich diese Übung wiederhole, erhöht sich der Grad meiner Genesung.

Ich danke allen Kräften, die an diesem Wiederherstellungsprozeß so begeistert und verläßlich teilgenommen haben. Ich fühle mich geschützt und geleitet und habe tiefes Vertrauen in meine heilenden Kräfte. Meine Genesung verläuft reibungslos und außergewöhnlich gut, sowohl auf der äußeren als auch auf allen inneren Ebenen.«

Die vier Phasen der Genesung

Herzlichen Glückwunsch! Sie haben Ihre Operation zu Ihrer vollsten Zufriedenheit überstanden. Der äußere Teil Ihres Erfolges hat bereits stattgefunden. Sie haben sich in die Reparaturwerkstatt begeben, schadhafte Teile sind entfernt und eventuell durch neue ersetzt worden.

Mit den postoperativen Phasen beginnt der eigentliche Teil Ihrer Heilung, auf die Sie den größten Einfluß haben.

Während die äußerlichen Narben zügig verwachsen, werden Sie auch innerlich genesen.

Erste postoperative Phase: Heilung von Schock und Wunden

Die ersten Tage nach der Operation sind Sie zunächst einmal benommen und werden die Narkosemittel abbauen. Die Schmerzen sind meistens erträglich, weil sie mit starken Schmerzstillern gelindert werden. Störend ist die anfängliche Bewegungseinschränkung, wenn Sie Rücksicht auf eine größere Hautnarbe nehmen müssen oder zahlreiche Muskeln durchtrennt wurden.

Stuhlgang und Wasserlassen sind nach der Operation eine lästige Angelegenheit, da es ungewohnt ist, solche Körperfunktionen im Bett zu erledigen.

Ihre erste postoperative Phase wird von außen durch das Pflegepersonal und Ärzte oder Ärztinnen reguliert und überwacht. Hilfe und Rat sind jederzeit zugänglich.

Die Außenwelt dringt mehr oder weniger gefiltert zu Ihnen durch.

Statt sich zu wundern, wenn Ihnen plötzlich die Tränen über die Wangen rollen, heißen Sie sie willkommen! Drehen Sie die Tränendrüsen so richtig auf, und spülen Sie das ganze Trauma raus. Wer weiß, ob es Tränen der Freude und Erleichterung oder des Schmerzes sind. Die Amerikaner pflegen zu sagen: »Heul ein bißchen und leb weiter!«

Zweite postoperative Phase: Rückkehr nach Hause

Die neuen Erfahrungen von Operation und Krankenhaus prallen auf Ihre alten Lebensgewohnheiten. Sie begegnen wieder den eingefahrenen Mustern Ihres Haushalts und seiner Mitglieder: Nichts ist mehr dasselbe, auch wenn es äußerlich noch immer so aussieht! Ihre Beziehung zu sich selbst hat sich gewandelt. Ihre postoperativen Bedürfnisse und das, was Sie jetzt wichtig finden, unterscheiden Sie von der Person, die einige Tage oder Wochen zuvor ins Krankenhaus zog.

Erkennen die Personen Ihrer Umgebung diese Wandlung? Wollen sie Sie am liebsten wieder zurückverwandeln in die bekannte Person von damals? Werden Sie genötigt, wieder in Ihre alte Rolle zu schlüpfen? Ihre Genesung stellt neuartige Anforderungen an die Menschen Ihres Haushalts, deren Ausmaß sie meistens weder rechtzeitig noch voll erkennen.

Dritte postoperative Phase: Verantwortung und Kompetenz zurückerlangen

Sie werden kräftiger, gesünder und beginnen, Ihre Funktionen im Familiensystem wiederaufzunehmen. Von nun an gilt es, den Kurs Ihres neuen Lebens selbst zu bestimmen. Das Geheimnis dieser Phase liegt in der Ausgewogenheit, mit der Sie Ihre Schritte setzen.

Sind Sie ungeduldig, hastig und reißen die Kontrolle schleunigst wieder an sich? Oder versinken Sie in einer Welle von Selbstmitleid und bleiben in der Opferrolle hängen? Die Zauberformel lautet: Weder zu früh zuviel noch zu spät zuwenig!

Vierte postoperative Phase: Zurück in die Welt

Sie sind nicht mehr richtig krank, aber Sie fühlen sich noch nicht wieder hundertprozentig wohl.

Sie ermüden leicht. Spannung ruft unterschwellige Schmerzen hervor, die Sie schnell irritieren und den Umgang mit anderen mühsam machen.

Oft werden Sie mit Erwartungen und Anforderungen konfrontiert: »Niemand konnte dich in den letzten zwei Monaten ersetzen, so haben wir alles auf deinen Schreibtisch gelegt.«

So manche Beziehung hat den Streß der postoperativen Phase nicht zu ihrem Vorteil überstanden. Sie haben Freunde und Partner prüfen können, und nicht jeder ist Ihnen geblieben. Zu einer Zeit, wo Sie eigentlich mehr Unterstützung nötig hätten, müssen Sie plötzlich mit weniger auskommen!

Vermeiden Sie komplizierte Situationen! Gehen Sie sehr behutsam mit sich selbst um! Formulierungen wie »ich muß« und »ich sollte« sind für Sie absolut tabu!

Nur so blocken Sie Rückfälle ab und beschleunigen Ihre vollständige Genesung. Genesung ist eine langdauernde *Hausaufgabe*. Unterstützen Sie Ihre Heilung bis zu einem Jahr nach der Operation durch liebevolle Aufmerksamkeit und mit Hilfe von bejahenden Bekräftigungen!

Kapitel 6

Nutzen Sie die Heilung zur Wandlung

Bringen Sie Freude in Ihr Leben

Diese Übung und ihre Einleitung sind das Kernstück dieses Buches. Nehmen Sie sich bitte jeden Teil dieses Kapitels sehr zu Herzen!

Heilung heißt immer auch Wandlung. Wenn Sie beginnen, sich selbst zu akzeptieren, versöhnen Sie die verschiedenen Ebenen, die bisher miteinander in Konflikt gelegen haben.

Leid ist das Gegenteil von Freude. Mutlosigkeit raubt Ihnen Vitalität oder Lebenskraft. Verlust von Vitalität ist die Ursache allen Leidens und führt zu Erkrankungen.

Bringen Sie Freude und Sinn in Ihr Leben, und Sie heilen sich (und andere!). Mit Freude meine ich nicht, zum Beispiel am Samstagabend zuviel zu trinken. Dies ist keine Freude, sondern Betäubung.

Freude kehrt in Ihr Leben zurück, wenn Sie Schuld und Scham abbauen können, statt sie zu betäuben. Lernen Sie, sich selbst zu akzeptieren und zu lieben, indem Sie Ihre selbstkritischen, negativen Gedanken durch aussichtsreiche, optimistische und positive ersetzen.

Ob Sie sich ein Bein brechen oder Ihr Herz, in beiden Fällen entsteht eine Wunde. Sie verlieren Ihre Vitalität, eine Narbe bildet sich, durch die noch mehr Lebenskraft chronisch nach außen sickert.

Wertlosigkeit, Scham und Schuld sind für jede lieblose Handlung verantwortlich, ob wir uns nun selbst verletzen, verletzen lassen oder anderen Schmerz zufügen.

Ist Ihnen aufgefallen, daß es immer Menschen voller Minderwertigkeitsgefühle und Selbsthaß sind, die andere quälen und verfolgen? Revanchieren sie sich nicht bei anderen für das, was man ihnen angetan hat?

Gesellschaften und Religionen, die Ideale und Gebote aufstellen, die so hoch sind, daß niemand sie erfüllen kann, provozieren Gefühle von Nicht-genug-Sein, Wertlosigkeit und Scham. Wir wiegen uns, befinden uns für zu leicht und laufen innerlich permanent beschämt herum: zu häßlich, zu faul, zu nichtsnutzig, zu wertlos, zu dumm, zu lieblos.

Jeder birgt sein Geheimnis und entwickelt in Reaktion darauf einen Lebensstil, in dem er die Mängel überkompensiert: Wir werden zwanghaft und beginnen zuviel zu arbeiten, zuviel zu essen, zuviel zu trinken, rasen zu schnell mit dem Auto und machen uns zu viele Sorgen.

Ihre Zuviel-Liste

Folgende Dinge in meinem Leben tue ich *zuviel*:

Essen ______________________________

Arbeit ______________________________

Fernsehen ______________________________

Lesen ______________________________

Glücksspiel ______________________________

Sorgen ______________________________

Alkohol ______________________________

Sex ______________________________

Beziehungen ______________________________

Drogen ______________________________

Emotionen ______________________________

Kritik ______________________________

Jedes Zuviel überlastet uns und schadet uns im Endeffekt. Unser Exzeß bedrückt uns, und wir fühlen uns schuldig. Schuld aber zieht immer Strafe nach sich, Strafe in Form von Schmerz. Wir stehen gefangen im Teufelskreis von Schuld, Strafe und Schmerz.

Würde Krankheit nicht durch Schmerzen begleitet, liefe fast jeder krank herum, ohne sich darum zu kümmern. Denn nur das, was weh tut, bekommt unsere sofortige Aufmerksamkeit und erzwingt unsere Beachtung.

Imagination: 7 mal 7 Stufen der Heilung

Die folgenden Übungen sollen alle Ursachen, Motive und Aspekte Ihrer Krankheit neutralisieren.

Viel Spaß!

Vorbereitung. Sitzen oder liegen Sie in einer bequemen Haltung. Schließen Sie, wenn möglich, die Augen.

Entspannen Sie Ihre Kiefer, und öffnen Sie den Mund. Atmen Sie durch den geöffneten Mund im dreigeteilten Rhythmus von:

- tief ein (Brustkorb bewegt sich),
- tief aus (hörbarer Seufzer),
- Pause (ca. fünf Herzschläge lang).

Visualisierung. Nachdem Sie völlig entspannt sind, entschließen Sie sich, welches Ihrer Organe oder Körperteile heute Ihre Aufmerksamkeit verlangt.

Heilung auf den verschiedenen Ebenen

Ich lobe das Organ und spreche anerkennend und freundlich zu ihm. Was mein kranker Körperteil am meisten braucht, ist Anerkennung und Liebe.

Körperliche Ebene. Ich fertige in meinem Gehirn eine Skizze des erkrankten Körperteils an.

Ich nenne das Organ laut beim Namen; zähle seine gesunden Funktionen auf; beschreibe seine normale Größe. Ich spüre, daß es gut durchblutet und wohlernährt ist, bemerke, wie es Sauerstoff aufnimmt und Flüssigkeit und Vitamine absorbiert.

Emotionale Ebene. Ich fühle das Organ in seiner gewohnten Umgebung und in seiner gesunden Form; spüre, wie glücklich, lebendig und froh es ist, wenn ich ihm meine ungeteilte positive Aufmerksamkeit schenke.

Mentale Ebene. Ich finde den verkleinerten Bauplan des Organs mitsamt Schaltplänen auf einer Blaupause im Gehirn. Ich werde ein Ingenieur und repariere Kurzschlüsse, defekte Kabel und Schaltungen gewissenhaft, gekonnt und liebevoll. Als Ingenieur führe ich einige Tests und Probeläufe durch, bevor ich dem Organ wieder grünes Licht gebe und ihm die große Neuigkeit seiner Reparatur mitteile.

Energetische Ebene. Das Energieniveau meines Organs hebt sich. Es summt wie ein Generator, sprüht Funken und strömt wie geschmolzenes Gold. Jeder tiefe Atemzug facht den Hochofen zu neuen Temperaturrekorden an: Alles Kranke verbrennt.

Das leuchtende, lupenreine Organ strahlt in einem Umkreis von mindestens zehn Zentimetern einen goldenen Widerschein aus. Der leuchtende Umriß meines Organs entpuppt sich als seine Lichtgestalt, eine für mich bisher unsichtbare und unbekannte Erscheinungsform.

Das körperliche Organ wächst, expandiert und verschmilzt mit seinem energetischen Zwilling, dem Lichtorgan, auf einer höheren Frequenz. Die Lichtgestalt ist das Organ in seinem konservierten Zustand: immer gesund, immer jung, voll Lebenskraft und ewig lebendig.

Spirituelle Ebene. Welche wichtige Rolle spielt mein Organ, um meine Seele in diesem Körper funktionsfähig zu erhalten? Ich lausche auf das Wispern meiner inneren Stimme während Traum und Entspannung:

Jede Krankheit ist eine Heilung unterwegs. Leben und Heilen sind zwei Seiten einer Medaille; die Natur will auch mich schützen; meine Seele wird mich und das heilende Organ erhalten wollen! Ich bin mehr als die Gesamtsumme meiner Teile!

Vergebung

Ich bitte mein heilendes Organ um Verzeihung. Es wird mir vergeben, daß ich meine Spannungen, meinen unbedachten Lebensstil und meine unverdauten Emotionen auf es abgeladen habe. Ich sage laut zu meinem Organ: »Es tut mir leid, und ich bitte um Verzeihung!«

Ich fühle, es hat mir vergeben, die unnötigen Spannungen sind damit entlassen. Mein Immunsystem kann jetzt seine gesamte Kapazität zu meiner Heilung einsetzen.

Ich sehe in einen Spiegel (haben Sie einen Handspiegel am Bett?), schaue mir in die Augen und verzeihe mir selbst für meinen Perfektionismus oder meine Nachlässigkeiten. Ich höre mich laut sagen:

»Ich vergebe mir und verzeihe mir für den Schaden, den ich mir möglicherweise selbst zugefügt habe.«

Du bist dein bester und treuester Heiler

Ich sehe eine heilende Hand aus transparenten goldenen Lichtpartikeln und erkenne meine eigene Hand darin. Sie berührt alle kranken Zellen und Gewebe und entfernt alles, was zerstört und abgestorben ist. Die Hand sendet die toten Elemente zurück ins Licht, wo sie sich in Lebenskraft verwandeln.

Mit meiner Vitalität kehren meine Zuversicht und Lebensfreude zurück.

Leidende und geschädigte Zellen überzieht die gleißende Hand mit einer lindernden Schicht von goldenem Honig – wie wohltuend!

Alle überlebenden Zellen erwachen wie aus einem Dornröschenschlaf und färben sich rosa wie neugeborene Babys. Meine Hand hinterläßt das Organ in Topform!

Fortdauernde Kommunikation

Ich installiere einen heißen Draht zwischen dem Organ und seinem Repräsentationsort im Gehirn. Von jetzt an wird ein ständiger Informationsfluß zwischen beiden stattfinden.

Die Blaupause selbst entläßt nun alle Spannung, Furcht und Aufregung in Verbindung mit der Erkrankung. Dieser Teil des Gehirns ist jetzt wieder gesund, lebendig und voll Stärke und Lebenskraft.

Das *rote Telefon* wird zukünftig drohenden Zusammenbrüchen vorbeugen.

Lachen ist die beste Medizin!

Ich lache dem geheilten Organ freudig zu. Ich sehe, wie sich ein phänomenales Lächeln über das von jetzt an gesunde Organ ausbreitet.

Affirmation und Bekräftigung

Ich komponiere mindestens drei Affirmationen, mit denen ich das bekräftige, bezeuge und in meine Erinnerung einpräge, was sich heute an Genesung in mir abgespielt hat. Damit sichere ich mir auch gleich eine gesunde Zukunft.

- Mein(e) ... ist ab sofort wieder gesund, voll funktionsfähig, voller Lebenskraft und von Humor und Freude überfließend!
- Von jetzt an erlaube ich nur Liebe und Zärtlichkeit in mein(er/em) ...

Betrachten Sie das Organ von Stund an als geheilt. Falls Sie diese Übung für dasselbe Organ wiederholen wollen, sehen Sie es nicht mehr als krank an! Schauen Sie es vielmehr als völlig wiederhergestellt an, und ... fügen Sie lediglich mehr Heilung hinzu! Dieses geleitete Imagineering gibt es auf Kassette. (Bezugsquelle S. 171)

Gesunde Zukunft

Damit nicht alles gleichzeitig abläuft, hat der Verstand die Zeit erfunden. Der Alltagsverstand denkt Schritt für Schritt, linear. Es ist sehr hilfreich, Vergangenheit, Gegenwart und Zukunft einzuführen, wenn es darum geht, alltägliche Aufgaben zu erledigen.

Weil wirkliche Heilung auf viel übergreifenderen Ebenen stattfindet, hindert uns das alltägliche Zeitkonzept bei unserer Genesung.

Heilung findet immer jetzt statt.

Auch die Heilung eines frühkindlichen Erlebnisses findet jetzt statt.

Die folgende Übung bringt Sie nicht nur mit Ihrer gesunden Zukunft in Kontakt, sondern soll Ihnen auch zeigen, wie Ihr Leben sich als Folge Ihrer Genesung wandelt.

Vorbereitung. Sitzen oder liegen Sie in einer bequemen Stellung, atmen Sie tief durch den Mund, und machen Sie eine Pause nach der Ausatmung. Zählen Sie rückwärts von zehn bis eins, und entspannen Sie sich mit jeder Zahl tiefer und tiefer.

Visualisierung.

Sehen Sie sich gesund, stark und kräftig einige Jahre vor Ihrer Erkrankung.

Erinnern Sie sich an gute Stunden, an frühere Erfolge, an unbeschwerte Momente und besondere Gelegenheiten.

Fühlen Sie die Freude und Entspannung von damals durch Ihren Körper rieseln.

Geben Sie ihr eine Farbe. Weisen Sie ihr eine Temperatur zu; geben Sie der Freude genau die Temperatur, die Sie sich wünschen. Empfinden Sie das gute Gefühl von damals nach, wie in einer Zeitlupenaufnahme; genießen Sie jeden der guten Augenblicke, immer und immer wieder. Richten Sie Ihre Aufmerksamkeit auf die erfreulichen und bejahenden Momente Ihres Lebens. Wo in Ihrem Körper spüren Sie das Zentrum, aus dem diese Freude wie aus einer Quelle hervorsprudelt?
Richten Sie Ihr Bewußtsein auf das Organ oder die Stelle, die operiert oder behandelt wurde.
Bringen Sie die Freude – Farbe, Temperatur und Sinneseindrücke eingeschlossen – in das Behandlungsfeld.
Fühlen Sie sich dort ganz, gesund und freudig.
Sehen Sie sich nun in der Zukunft als wieder vollständig geheilt.
Fühlen Sie mit jeder Pore Ihres Körpers die zurückgekehrte Frische und Vitalität. Fühlen Sie Ihre Körpertemperatur, wenn Sie gesund sind und das Leben Sie wieder mit Erregung erfüllt.
Bringen Sie Ihre gute Laune in das operierte Organ und in das Operationsfeld.
Machen Sie einen großen Zeitsprung, und sehen Sie sich ein Jahr nach dem Eingriff – sozusagen Ihre »Zukunft-Zukunft«!
Wie hat sich Ihr Leben als Folge der Behandlung zu Ihren Gunsten verwandelt?
Welche Wünsche, Pläne und Projekte haben Sie sich bereits erfüllt, weil der Zufluß an Vitalität und Lebensfreude Sie erfolgreich machte? Schauen Sie sich Ihre Erfolge genau an, als hätten sie sich bereits manifestiert.
Welche Wünsche und Pläne werden Sie in einem Jahr

von heute an noch zusätzlich haben, die Sie in zwei, drei und fünf Jahren erfüllt haben werden? Prägen Sie sich das Bild dieser Zukunft-Zukunft tief in Ihre Erinnerungsspeicher ein.

Herzlichen Glückwunsch! Von diesem Moment an haben sich bewußte und unbewußte Mechanismen in Gang gesetzt, die bereits an der Verwirklichung Ihrer Pläne zu arbeiten begonnen haben.

Kehren Sie nun, bereichert durch die Erfahrungswerte aus der Zukunft, wieder in das Hier und Jetzt zurück.

Verbünden Sie sich mit Ihren inneren Freunden

Die Hopi-Indianer kennen ein wundervolles Sprichwort: »Du magst 40, 50 oder 80 Sommer alt sein, in dir lebt stets ein inneres Kind.«

Sie respektieren ihr inneres Kind, denn sie betrachten es als den Träger ihrer Emotionen. Sie ehren das innere Kind, denn es behütet ihre instinktiven Reaktionen. Da es noch keine Regeln für alles und jedes aufgestellt hat, sind seine Fragen und Antworten immer frisch, immer unkonventionell und entwaffnend aufrichtig.

Ihr inneres Kind will Ihr bester Freund sein, denn es steht Ihnen in jeder Situation zur Seite. Es kann zwar manipuliert werden – wie alle Kinder – wird Sie aber nie im Stich lassen.

Auf unserem Weg ins Erwachsensein sind wir es gewesen, die das innere Kind vernachlässigt haben. Wir hören nicht mehr auf die innere Stimme des Kindes und messen seinen Gefühlen und Instinkten weniger und weniger Bedeutung bei. Inneres Kind und Heranwachsender gehen getrennte Wege oder beginnen gegeneinanderzuarbeiten: Aufsplitterung, Verlust der Einheit und *Un-Heil* sind nicht selten die bedauerlichen Folgen. Aber es ist nie zu spät, eine glückliche Kindheit zu haben!

Innere Verbündete und Ihre Imagination

Imagination ist ein Gedanke mit offenen Enden, eine Kerze, die von beiden Seiten brennt. Wenn Sie *imagineeren* (der Begriff ist zusammengesetzt aus den englischen Wörtern *imagination* und *engineer*), entsteht der Gedanke auf der mentalen Ebene und schwingt sich hinauf in die spirituellen Bereiche: Imagination schreitet sozusagen auf geheiligtem Grund.

Für die alten Griechen war es nicht wirklich wichtig, an ihre Götter zu glauben. Ihre Götter- und Sagengestalten waren Versinnbildlichungen verschiedener Aspekte der menschlichen Persönlichkeit und der menschlichen Psyche. Die Götterwelt der Griechen war somit eigentlich sowohl ein religiöses Gebilde als auch ein psychotherapeutisches Denksystem. In den Göttergestalten, ihren Stärken und Schwächen, konnten die Menschen ihre eigenen bewußten und unbewußten Strebungen wiedererkennen. Die Götter wurden als Vorbilder, Leitbilder oder Archetypen angesehen, die man als Verbündete gewinnen konnte, um an ihrer Schlauheit, Stärke, Liebe, Heilkraft und anderen Qualitäten teilzuhaben.

Der Verbündete ist ein in anschauliche Form gebrachtes Symbol.

Übung zu: »Innere Verbündete«

Vorbereitung. Sitzen oder liegen Sie in einer bequemen Stellung, und atmen Sie tief durch den Mund in einem Rhythmus von tief ein, tief aus und einer Pause nach der Ausatmung. Zählen Sie rückwärts von zehn bis eins, und sehen Sie sich die Stufen zu einem alten Tempel hinaufsteigen. Von Stufe zu Stufe werden Sie ruhiger und erfüllt mit erwartungsvoller Stille.

Visualisierung.
»Ich betrete meinen Tempel und suche mir einen Platz im Schatten. Ich lasse mich unter einer Säule nieder, wo ich ruhen kann und wo ich meine Gedanken entspannen und fließen lasse.
Ich sehe zwei Gestalten, die sich mir langsam nähern, einen Jungen und ein Mädchen. Einer der beiden ist mein inneres Kind, der andere sein Seelengefährte. Beide überreichen mir lächelnd ein Geschenk. Bevor ich mich bedanken kann, sind sie hinter der Säule verschwunden.
Nun tauchen zwei größere, kräftigere Gestalten auf, zwei Erwachsene Mitte zwanzig. Auch sie überreichen mir jeder ein Geschenk und bleiben noch etwas bei mir stehen, als wollten sie mir von ihrer Vitalität durch ihre Nähe abgeben. Ich schließe meine Augen und empfange ihre Kraft, Gesundheit, Abwehrkräfte, Flexibilität und Willensstärke. Als ich die Augen öffne, sind sie verschwunden.
Nun bewegt sich ein weises, altes Paar würdevoll und selbstbewußt auf mich zu. Der alte Mann ist mein Ratgeber. Was immer ich ihn frage, er wird mir den Vorrat seiner Weisheit erschließen. Die weise, alte Frau, zärtlich, verstehend, mütterlich und bedingungslos liebend, ist meine Ratgeberin. Bei jeder Lebensfrage wird sie mir mit ihrer weiblichen Weisheit zur Seite stehen. Beide bringen mir Geschenke mit und setzen sich zu mir. Sie geben mir das Gefühl, daß sie mich vollständig und bedingungslos akzeptieren. Was immer ich getan habe – falsch oder

richtig –, sehen sie als notwendige Schritte auf meinem Entwicklungsweg an, damit ich das Muster meines Lebens weben konnte.
Als ich die Augen wieder öffne, sind sie hinter der Säule verschwunden.
Ich folge ihnen und will herausfinden, was sich hinter der Säule verbirgt. Ich umrunde sie und sehe dort eine Person von großer Macht und Klarheit, durchdrungen von Durchblick und Integrität, spontan und bewußt.
Ich erkenne, daß diese Person und ich eins sind. Wir waren schon immer ein und derselbe, selbst zu Zeiten, in denen mein Verstand sich getrennt hielt, um sich allein besonders wichtig vorzukommen.

Diese *Einheit* kann ich jederzeit und in jeder Minute meines Lebens genießen, einfach, indem ich ihr Beachtung schenke. Meine bisherigen Begrenzungen löse ich auf und expandiere in das neue Selbst – mein authentisches, mein *wirkliches Selbst*. Ich habe das Ziel meiner Suche erreicht, bin zur Quelle zurückgekehrt, wo das Ende immer wieder in einen neuen Anfang mündet: den *vertikalen Menschen*!«

Der vertikale Mensch ist zu sich selbst erwacht. Seine Wandlung findet statt, indem er die Macht in sich selbst akzeptiert, die größer ist als das Selbst seiner Tagperson.

Kapitel 7

Was bringt die Zukunft?

Der Weg ist das Ziel

Manchmal beklagen sich meine vertikalen Patienten in spe, daß ihre neuen Programme nichts bewirken. Aber oft bestrafen wir uns selbst, indem wir unsere neuen Programme nicht für uns arbeiten lassen.

Im folgenden seien einige Gründe für unsere Neigung aufgezählt, unsere neuen Programme zu sabotieren und uns selbst zu bestrafen.

- Schmerz ist das einzige Gefühl, das ich oder meine Umgebung akzeptieren.
- Nicht vergeben und vergessen wollen; denn Leiden ist nobel, und Märtyrer sind angesehen.
- Krankheit hat ihre Vorteile: Sie gibt Macht über Menschen und Situationen.
- Ich bestrafe mich selbst, bevor mich jemand anderes bestrafen kann.
- Ich kopiere meine Eltern.
- Was ich sage und wie ich mich verhalte, stimmt nicht mit dem überein, was ich wirklich will.
- Ich versage mir Freude, Geld und all die guten Dinge, die außerhalb meiner Komfortzone liegen.
- Ich wähle abhängige Beziehungen, in denen ich mich erniedrigen und abweisen lasse.
- Ich versage mir Liebe, Eigenliebe und die Liebe anderer.
- Ich will meine altgewohnte Opferrolle nicht aufgeben.

Machen Sie bitte eine Liste, und schreiben Sie auf, in welche Sackgassen Sie bevorzugt hineinrutschen, um sich zu bestrafen und Ihre neuen Programme zu sabotieren.

Schuld und Abwertung schlagen also wieder zu und fordern uns zum Machtkampf heraus.

Vertikale Menschen haben jedoch gelernt, Negativität nicht zu bekämpfen. Unser Ego liebt Herausforderungen und läßt keine Streiterei aus. Dadurch widmen wir unseren unheilvollen Tendenzen die ganze Aufmerksamkeit und verschwenden somit unsere Energie.

Negativität ist ein Strudel, den wir nicht zu verändern vermögen. Schenken Sie ihr möglichst keine Beachtung.

Geben Sie Negativität nur soviel Anerkennung, wie ihr gebührt. Seien Sie sich der Existenz Ihrer Negativität bewußt und der Tatsache, daß Sie jederzeit die Wahl haben!

Probieren Sie folgende Übung aus, nachdem Sie Ihre Liste mit Selbststrafen genau studiert haben.

Finden Sie zu jeder Methode, mit der Sie sich selbst sabotieren, das genaue Gegenteil.

Häufig vorkommende Selbststrafen und ihre Gegenmittel

Statt ...

Selbstkritik ______________ Selbstlob
Selbstzweifel ______________ Selbstsicherheit
Versagen ______________ Überfluß
Wertlosigkeit ______________ Selbstwert
Sorgen ______________ Zuversicht

Nachahmen	————————	Spontaneität
Opfer	————————	....
Freude versagen	————————	....
Schmerz	————————	....
Gefühle unterdrücken	————————	....
Kontrolle	————————	....
Angst	————————	....
....	————————	....
....	————————	....
....	————————	....

Ergänzen und verlängern Sie die Liste.

Tragen Sie Ihre Liste mindestens dreißig Tage mit sich herum. Lesen Sie sie in der Bahn, im Wartezimmer oder wo auch immer, und prägen Sie sich die Fülle Ihrer Alternativen ein. Ohne ständige Wiederholungen über lange Zeiträume kapiert Ihr Alltagsverstand es einfach nicht! Ihr Verstand ist wie ein Radio und kann nur auf jeweils ein Programm scharf eingestellt werden, entweder bejahend oder verneinend.

Nach dreißig Tagen schneiden Sie bitte die linke Seite der Liste ab und werfen sie weg. Für den nächsten Monat (oder länger) lernen Sie bitte die positiven Alternativen so lange auswendig, bis Sie sie sogar im Schlaf können.

Es wird so viel Energie darauf verwendet, das sogenannte Böse zu bekämpfen, daß nie genug Zeit übrigbleibt, das Gute zu hegen und wachsen zu lassen.

Sie brauchen Ihre Negativität nicht zu bekämpfen, wenn Sie sekundenschnell die jeweils positive Alternative beim Schopf packen!

Einer der Hauptgründe, warum wir unsere neuen Programme nicht erfolgreich für uns arbeiten lassen, ist – so seltsam es auch klingen mag – die Angst vor dem eigenen Erfolg.

Wunder und ihre Gesetzmäßigkeiten: Affirmationen

Das Wichtigste am Lernprozeß ist die Wiederholung!

Kommt ein Problem wie ein Bumerang zu Ihnen zurück und wird Ihnen wieder und wieder aufgetischt, dann mögen Sie zwar die richtige Lösung haben, aber Sie haben die neue Routine noch nicht eingeübt. Ihre Übungen und neuen Programme bahnen neue Pfade in die Wildnis alter, unwegsamer Denkprozesse. Bevor Ihr daraus resultierender Lebensstil funktionieren kann, muß ein neuer Gedanke viele Male die noch unbenutzte Strecke zwischen Ihren beiden Gehirnhälften zurücklegen, bis sie »eingefahren« ist.

Erst gilt es, das Alte zu verarbeiten, dann können Sie neue Verhaltensweisen und Erkenntnisse programmieren, und danach können Sie sie bekräftigen und festigen.

Wünschen ist nicht bestimmt genug und zu verwaschen. Oft trägt die mangelnde Schärfe eines Wunsches den Mißerfolg bereits in sich.

Hoffen ist ebenfalls zu schwach. Zugegeben, es ist aktiver und enthält einen Kern von Vertrauen. Aber man kann zwar hoffen, macht sich jedoch allzu oft Sorgen, ob man das Erhoffte auch wirklich verdient!

Versuchen schlägt immer fehl, denn es verschiebt die Handlung in die Zukunft.

Durch Affirmationen sehen, hören, schmecken, riechen und fühlen wir die Dinge, die wir so sehen wollen, als seien sie bereits Wirklichkeit!

Affirmationen bestätigen, festigen und untermauern, was Sie bereits *imaginiert* haben. Sie geben Ihren Ideen Festigkeit und Dauer, und Sie üben gesunde Gewohnheiten ein, bis diese an die Stelle der ausgedienten Strategien getreten sind. Affirmationen kanalisieren die Energie und Kraft Ihres Bewußtseins und halten sie im Brennpunkt, bis das gewünschte Resultat eintritt.

Eine Affirmation ist eine klare Botschaft an Ihr inneres Kind, geladen mit starken, positiven und ermutigenden Gefühlen.

Affirmationen funktionieren am besten, wenn sie:

- in der Gegenwart stehen, als ob die Heilung bereits stattgefunden hätte;
- positiv formuliert sind. Festigen Sie, was Sie wollen (und nicht, was Sie nicht mehr wollen);
- kurz und bündig sind;
- glaubhaft klingen;
- Ihnen helfen, Ihre Gefühle zu fühlen, anstatt sie wegzustecken;
- mindestens 21 Tage lang eingeübt werden (fertigen Sie sich einen Kalender an, und streichen Sie die Tage ab, bis Sie 21 beieinander haben).

Am besten, Sie wiederholen die Affirmationen täglich zu den Zeiten, die Ihnen am geeignetsten erscheinen. Sie können sie auch niederschreiben oder auf ein Tonband sprechen und häufig ablaufen lassen.

Affirmationen sind Ihre tägliche Hausaufgabe, die Sie am besten bis zu einem Jahr nach der Operation durchführen. Häufig kommen Patienten zu mir, die – sobald es ihnen besser geht – ihre Bekräftigungen vernachlässigen und sich wundern, wenn wieder Beschwerden auftauchen.

Beispiele für Affirmationen

- Ich sehe, wie meine Wunden geheilt sind und meine Gewebe ihre Funktionen zur vollsten Zufriedenheit ausführen.
- Mein gesamter Körper reagiert mit Freude auf seine Wiederherstellung und funktioniert besser als jemals zuvor.
- Ich bin gut zu meinem Körper, und mein Körper ist gut zu mir.
- Ich akzeptiere verstärkt Gedanken, durch die ich mich unterstützt fühle und ermutigt werde.
- Ich trage in mir die Medizin, die alle Krankheiten heilt.

Die 21-Tage-Wandlung

Gewohnheit ist die Gesamtsumme unserer angelernten Strategien, auf die sich unser bequemer Alltagsverstand nur allzu gerne verläßt. Zum Glück wissen wir, daß es 21 Tage dauert, bis der Alltagsverstand eine veraltete Strategie durch eine bessere und vielversprechendere ersetzt. Es ist also nicht genug, die Übungen und Affirmationen ein- oder zweimal zu probieren und auf andauernde Heilung zu hoffen.

Gesundheit ist ein fortlaufender Prozeß und Heilung eine tägliche Beschäftigung. Bitte entschließen Sie sich, die Übungen mindestens 21 Tage lang durchzuhalten! Machen Sie das zu Ihrer ersten Affirmation!

Für Meditation, Imagineering und Affirmation sind folgende drei Zeitpunkte am besten geeignet:

Vor dem Aufstehen: Bewußter Start in den Tag. Stehen Sie auf, wenn der Wecker klingelt, waschen Sie sich, putzen Sie die Zähne, und beginnen Sie die Übung.

Mittagszeit: Entspannen und festigen. Legen Sie eine mindestens zehnminütige Ruhepause ein; urteilen Sie, wie Ihr Tag bisher gelaufen ist, und nehmen Sie sich Zeit für etwaige Korrekturen und Affirmationen.

Vor dem Einschlafen: Das Unterbewußtsein programmieren. Der letzte Gedanke vor dem Einschlafen bestimmt den ersten Gedanken beim Aufwachen. Nehmen Sie nur ermutigende und bestätigende Gedanken mit hinüber in den Schlaf und Traum.

Mit Hilfe von Übungen, Affirmationen und Tonbandkassetten beeinflussen Sie Ihr Unterbewußtsein positiv. Fallen Sie in Schlaf, während eine Kassette mit Ihren Affirmationen an der Grenze des Hörbaren abläuft.

Wir haben zwar die Zeit in Tag und Nacht eingeteilt, für unseren Verstand ist diese Trennung jedoch weitgehend bedeutungslos, denn Denken ist ein Kontinuum.

Heimkehr und Neubeginn zu Hause

In der psychosomatischen Medizin gibt es den Ausdruck Zielorgane. Das sind die Organe, in die wir unsere Probleme projizieren. So werden sie ausgelaugt, geschädigt und müssen unter Umständen operiert werden. Bleibt jedoch das psychische Problem bestehen, fahren wir mit dem Projizieren fort: entweder ins Operationsfeld, in ein neugewähltes anderes Organ oder in die Psyche. Teile unseres Körpers erhalten weiter negative Aufmerksamkeit und ziehen Verletzungen an.

Zwei Wochen nach meiner Bandscheibenoperation fiel jemand auf meinen Rücken (zum Glück trug ich ein Stahlkorsett). Dieser Jemand war meine Exfreundin, und die Rückengeschichte war während unseres Zusammenlebens ein fortwährendes Problem zwischen uns gewesen. Sie war auf Besuch gekommen, um mich zu pflegen und, vielleicht, um einen neuen Anfang zu machen.

Ihr Fall war der Anfang vom Ende und lehrte uns, daß wir wirklich nicht dazu geeignet waren, unsere Beziehung fortzuführen.

Viele Dinge über uns selbst lernen wir erst bei unserer Heimkehr, wenn wir wieder in Beziehung treten zu unseren Lebensgefährten. Im Krankenhaus leben Sie in sicherem Abstand von Ihren häuslichen Problemen und Beziehungen. Jetzt kehren Sie – verändert und neu – in die alte Umgebung zurück. Zunächst einmal ist die Freude groß, jeder hat gute Vorsätze, von jetzt an alles anders zu machen. Die ersten paar Stunden und Tage mag auch wirklich alles gut laufen. Erinnern Sie sich jedoch, der Kranke steigt aus seiner angestammten Rolle im Familiensystem heraus. Bei seiner Rückkehr findet er entweder seinen Platz besetzt vor, oder die Familienmitglieder drängen ihn geradezu, seine alte Rolle wiederaufzunehmen.

Wehe dem, dessen alte Rolle darin bestand, das *kranke Hühnchen* in der Familie zu sein! Manche Familien laufen nur wie geschmiert, wenn einer im System ständig krank ist. Das Glück der übrigen Familienmitglieder ist abhängig vom Patienten und seiner Krankheit. Sollte der Patient aber wirklich genesen, passiert es häufig, daß ein anderer Familienangehöriger in die freigewordene Rolle schlüpft.

Wir werden nicht allein gesund, wir werden aber sehr selten auch allein krank! Beziehungen zwischen Gesunden und Kranken in einem System, zum Beispiel einer Familie, zeigen häufig eine deutliche gegenseitige Abhängigkeit.

Betrachten Sie dieses Abhängigkeitssystem wie eine Theateraufführung. Jeder hat seine bestimmte Rolle, jeder Spieler einen Gegenspieler: Der Held braucht einen Bösewicht, sonst hat die ganze Handlung des Familiendramas keine Spannung. Gesundheit läßt sich nur im Kontrast zu Krankheit darstellen, also muß jemand die Rolle des Patienten besetzen.

Rollen haben aber oft zwei Gesichter, Charaktere sind nicht immer das, was sie scheinen. Der *arme Patient* entpuppt sich am Ende als derjenige, der vom Bett aus alle Fäden in der Hand hat und die Befehle gibt.

Jeder Spieler spielt seine Rolle glänzend und hofft auf Beifall. Nach einiger Zeit fragt sich keiner mehr, ob die Rolle gut oder schlecht für ihn ist, nur der Erfolg zählt: Der Part macht sich selbständig.

Wenden Sie Ihr neu Gelerntes an, und werden Sie zum Beobachter des Familientheaters! Sie wollen weder in Ihre alte Patientenrolle zurückfallen, noch wünschen Sie sich, daß ein anderes Familienmitglied an Ihrer Stelle erkrankt. Sehen Sie als Beobachter zu, wie sich die Familie in ein neues, heiles Gleichgewicht einpendelt. Denn Sie sind nicht mehr der- oder dieselbe wie noch vor einigen Wochen. Die Erfahrungen und Prozesse im Krankenhaus haben Sie gewandelt und gestärkt! Und noch etwas: Planen Sie ausreichend Zeit für Ihre Wiederherstellung ein, und meiden Sie alles, was zuviel Unruhe in Ihr Leben bringt. Es gilt: Weder zu früh zuviel noch zu spät zuwenig!

Postoperativer Blues

Im *Blues* besingen Schwarzamerikaner ihr Leben und drücken in ihm Trauer, Melancholie und Seelenschmerz aus. Der Blues beklagt nicht nur den Schmerz, sondern ist auch gleichzeitig seine Therapie, sein Abschied und seine Verarbeitung.

Rekonvaleszenz ist die Trennung von all den Bedingungen, die zu Ihrem Zustand geführt haben. Dieser Abschied geht langsam voran und hat seine Tiefs und Rückschläge.

Als Patienten lernen wir, eine Rolle einzunehmen. Es ist sicherlich nicht der angenehmste Part im Gesundheitstheater, aber mit den Jahren lernen wir, sie perfekt zu beherrschen.

Von der alten Patientenrolle Abschied zu nehmen ist wie einen guten Freund oder Verwandten zu verlieren und erfordert Trauerarbeit. In Trauer lassen wir fahren, woran wir gerne festhalten wollen. Genauso wie es eine Weile dauert, bevor wir die Trauer um eine Person verarbeitet haben, sollten wir uns Zeit geben, uns von unserer Rolle als Patient in jeder Hinsicht zu lösen.

Abschied von den Vorteilen des Patientendaseins

- Als Patient können wir uns Dinge erlauben, die man uns als Gesundem nicht zugesteht.
- Wir können nein sagen, ohne uns schuldig fühlen zu müssen.
- Wir können Situationen, Aufgaben und Verantwortungen vermeiden, die wir nicht mögen.
- Wir dürfen uns pflegen und haben Zeit für unsere Bücher, Musik und viel freie Zeit für uns selbst.
- Wir erhalten Lohn, ohne dafür etwas leisten zu müssen.
- Wir können unsere Wünsche und unseren Willen leichter durchsetzen.

Wir lernen von klein auf, wie Krankheit in unserer Gesellschaft belohnt wird:

Wir brauchen nicht zur Schule zu gehen, bekommen Blumen, Schokolade und Zuneigung. Es wird von *Krankheitstagen* gesprochen, aber niemand verliert ein Wort über *Gesundheitstage*. Belohnen Sie sich also ruhig fortwährend für Ihre Gesundheit!

Heilung durch Intimität

Berührung ist noch stets ein großes Tabu in unserer Gesellschaft! Wir mögen zwar über genügend Speisen verfügen, aber unter unserer Haut leiden wir noch ständig an Hunger, an Berührungshunger.

Besonders die bettlägerige Patientin oder der bettlägerige Patient, oft geschockt durch operative Eingriffe, gepikst von Nadeln und gespickt mit Schläuchen, die aus allen nur möglichen Öffnungen hervorquellen, braucht die beruhigende und versichernde Geste einer Berührung. Der geschockte und unter Schmerzen leidende Patient benötigt Nähe, Wärme und Umarmung!

Bitten Sie Ihre Besucher, Sie zu berühren, Ihre Hand zu halten, Sie – wenn möglich – in den Arm zu nehmen.

Da viele Menschen gar nicht daran gewöhnt sind, auf der körperlichen Ebene zu kommunizieren, werden Sie manchen von ihnen genaue Anweisungen geben müssen.

Die Mutter meines besten Freundes ist sehr gehemmt, ihren erwachsenen Sohn zu umarmen. Kaum, daß ihre Hände zur Begrüßung seine Schultern berühren und ihre Wange die seine streift – schon beginnt sie Neuigkeiten zu erzählen.

»Mutti«, sagte mein Freund zu ihr, »ich bin nicht fünfhundert Kilometer angereist, um nicht einmal ordentlich von dir umarmt zu werden und dich nah zu spüren.« Dann bat er sie, die Umarmung zu wiederholen, das Reden einzustellen und ihn gut festzuhalten.

»Ich dachte, das willst du nur von deiner Freundin«, stellte sie verlegen lächelnd fest.

Partner sollten auch während der Erkrankung körperlichen Kontakt und körperliche Zärtlichkeiten austauschen, wenn der Patient das wünscht. Dem oder der Erkrankten muß dabei die volle Kontrolle eingeräumt werden, denn er oder sie allein weiß, was sich gut anfühlt und was nicht. Hier ist der Patient Lehrmeister und der Gesunde Schüler in einem Experiment, das sich entfaltet, während man gemeinsam daran arbeitet.

Selbstverständlich können Sie und sollen Sie so früh wie möglich nach der Genesung wieder sexuell aktiv werden, aber die Qualität und Art und Weise, wie Sie Liebe machen, sollte einen völlig neuen Charakter annehmen.

Die Notwendigkeit, langsam und vorsichtig vorgehen zu müssen, bietet eine wunderbare Chance, neue Tiefen von Zärtlichkeit und Empfindung zu entdecken, auch wenn das zunächst ungewohnt erscheinen mag.

Legen Sie alles Gewicht auf Zärtlichkeit und Empfindsamkeit. Liebesspiel ist eine Kombination aus Sex, Lust und Liebe. In der Heilphase können Sie lernen, den Schwerpunkt auf die Liebe zu verlegen. Dann hat Ihre Erkrankung einen wundervollen Nebeneffekt für Ihre Beziehung und heilt noch gleich Ihren Partner mit!

Ein anderes Thema, von dem im klassischen Arzt-Patient-Verhältnis so gut wie nie die Rede ist, ist die Selbstbefriedigung im Krankenbett.

Selbstbefriedigung ist für die meisten von uns mit Gefühlen von Scham, Schuld und Angst überladen, weil die Umgebung, in der wir aufwuchsen, Masturbation als schlecht beurteilte und/oder totschwieg.

Selbstbefriedigung ist jedoch ein natürlicher Prozeß, den eigenen Körper und die eigene Sexualität zu entdecken und fortzuentwickeln. Da sich mit jeder neuen Lebensphase Ihr Körper und damit Ihre sexuellen Bedürfnisse weiterentwickeln, ist Selbstbefriedigung das Mittel der Wahl in allen Altersklassen.

So entdecken Sie neue Wege und Techniken und üben ein, was Ihnen Befriedigung verschafft.

Wer also mit 60 Jahren noch masturbiert, ist keineswegs retardiert und in seiner Pubertät steckengeblieben.

Selbstbefriedigung ist das Mittel der Wahl, sich selbst zu lieben und seine sexuellen Bedürfnisse zu befriedigen, wenn kein geeigneter Partner vorhanden ist, die Umstände verhindern, Liebe zu machen – wie zum Beispiel im Krankenhaus –, oder Sie Ihre Sexualität nicht teilen wollen, weil Sie sich selbst etwas geben müssen.

Gehen Sie zärtlich und behutsam mit sich um, während Sie sich selbst befriedigen. Lernen Sie sich selbst zu lieben! Die meisten Menschen, besonders Männer, haben die Neigung, sich hastig und schnell zu befriedigen. Bei allen Aktivitäten, bei denen wir uns schuldig fühlen, folgen wir dem Motto: »Wenn du es schon unbedingt tun mußt, dann tu es wenigstens schnell!«

Damit schalten Sie Ihr Bewußtsein ab.

Werden Sie zur Abwechslung einmal verliebt in sich selbst! Zeigen Sie sich dieselbe Leidenschaft, mit der Sie üblicherweise andere lieben! Spenden Sie sich Vergnügen, Genuß und Freude, die Sie sonst anderen zukommen lassen!

Ihr Unterbewußtsein wird natürlich mit den alten Schuld- und Schamgefühlen zu stören versuchen. Argumentieren Sie mit Ihrem eigenen Unterbewußtsein, daß Sie nach Krankheit und Operation mit Ihrer Sexualität experimentieren müssen, um Ihr Potential neu zu entdecken. Argumentieren Sie weiterhin, Sie müßten langsam, vorsichtig und unter Einschaltung Ihres vollen Bewußtseins vorgehen.

Männer sollten entweder auf ihre Ejakulation verzichten oder sie so lange wie möglich hinauszögern, denn Samenflüssigkeit enthält viel vitale Energie, die auch vom Gesundheitsprozeß beansprucht wird.

Finden Sie eine Balance zwischen den Ansprüchen Ihrer Heilung und Ihrer wiedererwachten Sexualität. Geben Sie der Genesung den Vorrang!

Anhang

Adressen

Deutsches Zentrum für Imagineering e.V.
c/o Dr. med. Heinrich und Christa Klaus
Bäckerstr. 64
81241 München
Tel. / Fax: 0 89/8 34 34 23

Imagineering-Berater und -Therapeutinnen im In- und Ausland:

München:	Margit Lander	Tel.: 0 89/85 33 76
Kempten/Allgäu:	Christina Karrer	Tel.: 08 31/2 71 22
Stuttgart:	Fritz Allinger	Tel.: 0 71 51/46 01 87
	Peter Traa	Tel.: 0 71 48/78 67
Ulm:	Rita Horn	Tel.: 0 73 25/39 78
Bad Dürkheim:	Doris Braun	Tel.: 0 63 22/9 21 92
Germersheim:	Anette Bügel	Tel.: 0 72 74/7 74 87
Speyer:	Almut Nijen Rettig	Tel.: 0 62 32/7 74 94
Köln:	Margareth Herbst	Tel.: 0 22 02/5 92 15
Gießen:	Karsten Hähn	Tel.: 0 64 42/87 06
Holland:	Vitesha Kuiper	Tel.: 00 31/58/2 88 06 03
Spanien:	Traudl Klessinger und Dieter Tröndle	Tel.: 00 34/6/6 49 07 89

Falls Sie eine Psychotherapie bei einem Arzt oder Psychologen erwägen, rufen Sie bitte die für Ihre Region zuständige Kassenärztliche Vereinigung an, die Ihnen bei der Suche nach einem geeigneten Ansprechpartner behilflich sein wird.

Literatur

Brennan, Barbara Ann: *Licht-Heilung. Der Prozeß der Genesung auf allen Ebenen von Körper, Gefühl und Geist.* Goldmann. München 1993.

Buzan, Tony: *Kopftraining. Anleitung zum kreativen Denken. Tests und Übungen.* Goldmann. München 1994.

Cousins, Norman: *Der Arzt in uns selbst. Wie Sie Ihre Selbstheilungskräfte aktivieren können.* Rowohlt. Reinbek 1996.

Dahlke, Rüdiger: *Krankheit als Sprache der Seele. Be-Deutung und Chance der Krankheitsbilder.* Bertelsmann. München 1992.

DeBono, Edward: *Chancen. Das Trainingsmodell für erfolgreiche Ideensuche.* Econ. Düsseldorf/München 1991.

Dethlefsen, Thorwald: *Krankheit als Weg. Deutung und Bedeutung der Krankheitsbilder.* Bertelsmann. München 1992.

Grünn, Hans: *Die innere Heilkraft. Entdecken Sie die Möglichkeit der Selbstheilung.* Econ. Düsseldorf/München 1990.

Hay, Louise L.: *Du bist dein Heiler. Stärkende Gedanken für jeden Tag.* Heyne. München 1993.

Juli, Dietmar u. Schulz, Angelika: *Streßverhalten ändern lernen. Vorbeugung und Hilfe bei psychosomatischen Störungen und Krankheiten.* Rowohlt. Reinbek 1998.

Klaus, Heinrich: *Das Immunsystem mental stärken. Humboldt.* München 1996.

ders.: *Heilung und Selbstheilung durch Imagineering.* Goldmann. München 1995.

Moyers, Bill: *Die Kunst des Heilens. Vom Einfluß der Psyche auf die Gesundheit.* Goldmann. München 1994.

Peale, Norman Vincent: *Die Kraft des positiven Denkens. Bastei Lübbe.* Bergisch Gladbach 1992.

Pschyrembel Klinisches Wörterbuch. de Gruyter. Berlin, 258. Aufl. 1997.

Siegel, Bernie: *Prognose Hoffnung. Heilerfolge aus der Praxis eines mutigen Arztes.* Econ. Düsseldorf/München, 6. Aufl. 1996.

Simonton, O. Carl: *Wieder gesund werden. Eine Anleitung zur Aktivierung der Selbstheilungskräfte für Krebspatienten und ihre Angehörigen.* Rowohlt. Reinbek 1996 (auch mit Kassette).

Springer, Sally P.: *Linkes und rechtes Gehirn.* Spektrum. Heidelberg 1987.

Thompson, Richard F.: *Das Gehirn. Von der Nervenzelle zur Verhaltenssteuerung.* Spektrum. Heidelberg 1994.

Vroon, Piet: *Drei Hirne im Kopf. Warum wir nicht können, wie wir wollen.* Kreuz. Stuttgart 1993.

Wilde, Stuart: *Die Kraft ohne Grenzen.* Hugendubel. München 1998.

Zehentbauer, Josef: *Körpereigene Drogen. Die ungenutzten Fähigkeiten unseres Gehirns.* Artemis und Winkler. Düsseldorf 1993.

Weitere Hinweise auf englischsprachige Literatur und Fachliteratur erhalten Sie unter der auf Seite 167 genannten Kontaktadresse.

Weiteres Material

Kassetten

Operation ohne Angst: Doppelkassette zur Vorbereitung auf eine Operation und für die Zeit danach. Bezugsquelle: Dr. med. Heinrich Klaus. DM 48,–.
7 mal 7 Schritte zur Heilung: Imaginationen zur Heilung. Bezugsquelle: Dr. med. Heinrich Klaus. DM 24,–.
Immunsystem mental trainieren: Selbstheilungskräfte kennenlernen und anwenden. Bezugsquelle: Dr. med. Heinrich Klaus. DM 24,–.
Beziehung, Liebe und Seelenpartner: Abschied von alten und Integration von neuen, erfüllenden Beziehungsmustern. Bezugsquelle: Dr. med. Heinrich Klaus. DM 24,–.

Lesestoff zum Thema Imagineering von Dr. med. Heinrich Klaus

Immunsystem mental stärken. Humboldt, München 1996.
Darstellung des Immunsystems und der wichtigsten Organsysteme in ihrer Funktion und der Möglichkeit, sie positiv zu beeinflussen.
Heilung und Selbstheilung durch Imagineering. Goldmann, München 1990.
Ein Selbstheilungsprozeß in sieben Schritten mit Übungen.

Imagineering, Liebe und Seelenpartner. Bezugsquelle: Autor, DM 12,80.
Wie liebevolle Beziehungen Eingang in unser Leben finden können.

Bestellungen bitte an die auf Seite 167 genannte Kontaktadresse senden.

Seminare und Ausbildungen mit Dr. med. Heinrich Klaus

Vier große Themen bewegen jeden Menschen: Gesundheit / Liebe, Beziehung und Sexualität / Beruf, Berufung, Geld und Kreativität / Seele und Sinn. Zu jedem dieser Themen gibt es Imagineering-Prozesse in Seminarform, die monatlich in vielen Städten der Bundesrepublik abgehalten werden.

Die Seminarthemen im einzelnen:
- Spaß am Heilen – Immunsystem trainieren
- Beziehung – Liebe, Freiheit, Sexualität!
- Jenseits von Therapie – Meditation, Kontemplation, Gebet.
- 6-Tage Imagineering Intensiv-Prozeß
- Wilder Mann – wilde Frau

Nähere Informationen gegen Rückporto bei der Kontaktadresse auf Seite 167.

Patientenkolleg

Niemand heilt allein! Jede Krankheit und Genesung ist immer auch eine Art Ausbildung, deren Erfahrung lohnt, weitergegeben zu werden. Zwischen berufsmäßigem Helfer und Patient entsteht stets ein Gefälle: Der Doktor, Psychologe oder medizinische Betreuer sind die Wissenden auf dem Podest, der Patient empfängt unten am Sockel. Einen echten Schulterschluß gibt es zwischen Menschen, Laien, die unterwegs zu ihrer Heilung sind. Sie können einander verstehen, beraten und stützen. Das *Patientenkolleg* bietet Hilfe zur Selbsthilfe. Es will einen Rahmen schaffen, damit sich Genesende treffen, inspirieren und die Bewegung zu neuen Ufern in Schwung halten, nachdem sie mindestens eines der Seminare oder einige Einzelsitzungen in Imagineering absolviert haben.

Der Autor

Dr. med. Heinrich Klaus, geboren 1947, studierte in München Medizin und arbeitete bis 1983 in der Suchttherapie und Streßbehandlung in den Niederlanden.

Danach war er als Arzt und Therapeut in Santa Fé, USA tätig: am psychiatrischen Krankenhaus, in einer Entspannungsklinik, in eigener Praxis sowie im Rahmen von Workshops und Seminaren. Dort entwickelte er die Grundlagen für Imagineering, eine Methode der Psychoimagination und Visualisationsmedizin.

Seit 1990 lebt und arbeitet er als niedergelassener Arzt und Psychotherapeut wieder in München, hält Vorträge und Seminare und leitet das »Deutsche Zentrum für Imagineering e. V.«.

Heinrich Klaus ist Buch- und Drehbuchautor und hat mehrere Kassettenprogramme entwickelt.

ARISTON VERLAG · KREUZLINGEN/MÜNCHEN

Hauptstraße 14, CH-8280 Kreuzlingen, Tel. 071/672 72 18, Fax 071/672 72 19
Karl-Theodor-Straße 29, D-80803 München, Tel. 089/38 40 68-0, Fax 089/38 40 68-10